경제 재건의 길

자유와 신뢰 회복의 정치경제학

이 도서의 국립중앙도서관 출판예정도서목록(CIP)은 서지정보유통지원시스템 홈페이지(http://seoji.nl.go.kr)와
국가자료공동목록시스템(http://www.nl.go.kr/kolisnet)에서 이용하실 수 있습니다.
CIP제어번호: CIP2020049182(양장), CIP2020049353(무선)

Quest for Reinvigorating the Economy
Political Economy of Enhancing Freedom and Nurturing Trust

경제 재건의 길

자유와 신뢰 회복의 정치경제학

박진수 지음

한울
아카데미

경제가 무척 어렵다. 그러나 어려운 적이 어디 지금뿐이었는가? 지난 10여 년을 되돌아보면 좋은 시절이 과연 있었나 싶다. 답답한 경기 상황이 이어지다 보니 예전에는 당연하던 5%대의 성장이 꿈에서나 가능하고, 비현실적이던 1%대의 저성장이 낯설지 않은 세상이 되었다. 설상가상으로 실낱같이 유지되던 경기회복의 희망마저 미증유의 코로나바이러스 사태로 꺼진 느낌이다.

경제가 어려우면 정부의 도움을 요구하는 목소리가 커지기 마련이다. 오늘을 버티기 어려운 상황에 몰린 사람들에게 최소한의 생존을 보장하는 게 정부의 존재 이유이기 때문이다. 그래서일까? 현 정부 출범 당시 400조 원이던 정부의 지출 규모가 불과 3년 만에 약 550조 원으로 크게 늘어날 전망이다.

그러나 당장의 위기 수습이라면 몰라도 경제를 정상화하려면 정부의 도움만으로는 부족하다. 시장경제의 주체는 어디까지나 기업이나 자영업자이기에 이들이 자력으로 부가가치를 창출할 수 없다면 세수에 의존하는 정부의 재정 활동 또한 제약을 받을 수밖에 없다는 점에서 그렇다. 관건은 민간 부문 스스로 현재의 난관을 극복하고 경기회복을 주도할 자생 능력을 갖추고 있느냐이다.

　불행히도 경제회복을 민간 부문이 주도하기에는 우리 경제의 기초체력이 너무 허약하다. 급속한 고령화로 생산가능인구가 감소하는 상황에서 신생 기업이 대기업으로 성장하거나 개천에서 용이 날 기회가 점차 사라지고, 노동시장의 비정규직 문제나 경제력의 수도권 집중과 같은 이중구조 문제도 좀처럼 해결의 실마리를 찾지 못하고 있다. 이 모든 것은 작금의 경기 부진이 구조적 성격을 띠고 있음을 의미한다. 이것이 바로 코로나바이러스 사태가 진정되더라도 경제가 활력을 되찾으리라 낙관하기 어려운 이유이다.

　이 책은 시장경제의 핵심 가치인 '자유'와 '신뢰'를 신장하는 것만이 우리 경제를 되살리는 유일한 길이고, 그러려면 사람과 사람 간 관계를 제어하는 거버넌스 체제를 근본적으로 개선해야 한다는 것을 밝힌다.

　시장경제가 계획경제와의 체제경쟁에서 이긴 이유는 '선택의 자유'라는 인간 본성을 인정했기 때문이다. 그러나 시장경제가 지향하는 선택의 자유는 무분별한 나만의 사익 추구가 아니다. 사익을 추구하되 타인의 자유를 부당하게 침해하지 않고, 타인의 의사를 존중하되 자신의 의사결정권을 포기하지 않는 '절제된 자유'를 요구한다. 불행히도 한국은 절제된 자유가 많이 훼손된 상태에 있다. 선택의 자유를 제한하는 규제가 너무 많은 데다 타인의 권리를 침해하는 갑질이나 권력형 비리가 근절되지 않고 있고, 선택의 자유를 스스로 포기하는 복지부동 현상이 만연해 있다는 점에서 그렇다.

그러면 왜 우리 사회에는 절제된 자유가 부족할까? 그 원인을 따지다 보면 '사회적 신뢰 부족'이라는 문제에 부딪히게 된다. 예나 지금이나 우리는 가족이나 가까운 친구 이외의 타인을 좀처럼 믿지 못한다. 그러나 시장경제는 생면부지의 사람과의 거래를 전제로 한다는 점에서 사회 구성원 간 신뢰가 필수적이다.

그동안 우리는 부족한 사회적 신뢰를 '위계질서'와 '권위주의'라는 '힘의 논리'로 메워왔다. 가난 탈피가 절실했던 개발연대에는 힘의 논리로 부족한 신뢰를 어느 정도 메울 수 있었으나, 선진국 문턱에 들어선 오늘에 이르러서는 힘의 논리가 신뢰 부족을 메우기는커녕 오히려 증폭시켜 시장경제의 핵심 가치인 자유를 훼손하기에 이른 것이다.

힘의 논리에 의존하는 한 사회적 신뢰는 육성될 수 없고, 사회적 신뢰가 없는 한 진정한 의미의 자유가 없으며, 진정한 자유가 없는 한 풍요로운 세상을 기대할 수 없다는 것이 필자의 생각이다. 이 책은 자유와 신뢰라는 두 마리 토끼를 어떻게 동시에 잡을 것인지를 두고 지난 수년간 필자가 고민한 내용을 담고 있다.

이 책에서 제시하는 개혁 과제들은 결코 쉽지 않다고 생각한다. 권한의 하부위임을 통해 민주 사회의 근간인 견제 기능을 회복하자는 조직 개혁 운동이나 국민 각자가 공과 사의 구분을 철저히 하고 자신이 맡은 일에 주인 의식을 가지자는 의식 개혁 운동 모두 낡은 관습의 틀을 깨는 것이라는 점에서 말이다.

그러나 자유와 신뢰는 절로 얻어지는 것이 아니다. 정부나 리더에만 의존할 게 아니라 국민 각자가 자신과 공동체의 미래는 스스로 개척한다는 심정으로 개혁의 물꼬를 틔우는 데 동참해야 한다. 깨어 있는 시민만이 역사의 주인이 될 수 있기 때문이다.

출간을 눈앞에 둔 필자의 심정은 '안도감 반, 두려움 반'이다. 고통스러운 집필의 산고(産苦)를 벗어난다는 안도감과 오래 고민했지만 아직 만족스러운 해답을 찾지 못했다는 불안감이 필자의 뇌리를 스치고 있다. 첫술에 배부를 수 없다는 말을 위안 삼아 고민도 나누면 가벼워진다는 심정으로 미완의 생각을 세상과 공유하고자 한다. 아무쪼록 이 책이 보다 나은 우리 경제의 미래를 위해 작으나마 유의미한 초석이 되기를 기대해 본다.

끝으로 여러모로 부족한 필자의 출판 제의를 선뜻 받아주신 한울엠플러스(주)와 책의 구석구석을 꼼꼼하게 살펴준 편집자들의 수고에 심심한 감사의 말씀을 전한다.

2020년 11월
박진수

|차|례|

책머리에 _5
프롤로그 | 한국경제는 안녕한가? _13

제1부 | 거버넌스의 변천사 _17

　제1장 한강의 기적, 그 비결은? ·· 19
　제2장 공적제도의 변화 ·· 35
　제3장 공적제도와 비공식제도의 부조화 ·· 46
　제4장 불신맞춤형 거버넌스 ·· 61

제2부 | 이상과 현실의 괴리 _73

　제5장 시장경제는 한국식 거버넌스의 미래 ··· 75
　제6장 시장경제를 지탱하는 삼각 축 ·· 86
　제7장 불신의 피라미드와 취약한 견제 기능 ··· 97

제3부 | 무엇을, 어떻게? _111

　제8장 역량강화를 통한 신뢰의 인간관계 회복 ················· 113

　제9장 변혁의 리더십과 주인 의식 ······················· 136

　제10장 경제는 '가운데'이다 ························· 153

　제11장 국민 통합의 정치와 공사 구분의 생활화 ·············· 170

　제12장 국민 모두가 함께 하는 경제 재건 ················· 185

에필로그 | 서로 믿어 모두가 자유로운 세상을 그리며 _197

참고문헌 _203

한국경제는 안녕한가?

지금 우리 경제는 부진하다 못해 흐름이 멈춰선 느낌마저 든다. 아무리 경기가 좋지 않더라도 물가가 오르는 게 일반적인데, 경기 부진의 골이 워낙 깊다 보니 물가가 제자리걸음을 하는 현상[1]이 2019년 중 발생한 데 이어 2020년에는 그도 모자라 생산량마저 감소하고 있다.

최근의 마이너스성장은 전 세계를 휩쓸고 있는 코로나바이러스에 의한 것이 틀림없다. 그러나 코로나바이러스 사태가 수습된다 하더라도 경기가 좋아질지는 불확실하다. 우리나라의 경기 부진은 코로나 사태 발발 이전에도 있었던 만성적인 현상이기 때문이다. 사실 우리나라의 경기 상황은 2010년 이래 답답한 모습을 이어오고 있다. 모처럼 찾아온 경기회복이 이런저런 이유로 지속되지 못한 채 이내 꺾이고 말았고, 그때마다 경기를 주저앉히는 힘

---

[1] 2019년 중 소비자물가는 0.4% 상승에 그쳤다.

표 경제성장률 추이

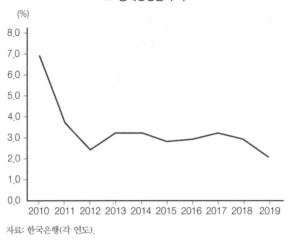

자료: 한국은행(각 연도).

이 떠받치는 힘을 압도하는 현상이 반복되면서 경제성장률이 슬금슬금 하락하는 추세가 이어져 온 것이다. 그 결과 5% 이상의 성장은 2010년을 마지막으로 역사의 유물이 되어버렸고, 한동안 경기 중립적 수준으로 여겨지던 3% 성장도 무너져 1%대의 극도로 낮은 성장이 더 이상 낯설지 않은 세상이 되었다.

물론 경제가 고도화되는 과정에서 어느 정도의 성장둔화는 불가피하다. 삶의 질을 중시하는 의식이 확산되면 출산율이 낮아지기 마련이어서 인구의 양적 증가에 의존한 외형성장이 어려워지는 데다 외국 기술의 단순 모방에 의존한 추격 전략도 어려워짐에 따라 산업고도화도 느리게 진행될 수밖에 없기 때문이다. 그러나 지금 우리 경제가 겪고 있는 성장둔화 현상은 '경제의 성숙화'로 설명하기 어렵다. 우선 우리나라의 일인당 국민소득은 서구 선진국에 비해 많이 낮은 3만 달러에 불과한 상태라 풍요 사회라 부르기에는 아직 이르다. 출산율 저하도 선진국 모두가 겪는 현상이지만, 우리나라의 경우 다른 선진국에 비해 저출산 단계에 일찍 진입한 데다 그 속도도 너무 빠르다. 산업구조 면에서는 제조업의 경우 반도체, 자동차 등 소수 업종에 지나치게 의존하는 문제가 있고, 탈공업화의 상징으로 여겨지는 서비스산업의 경우 전체 부가가치 생산에서 차지하는 비중이 60%에 달하지만 생산성이 뒷받침되지 않아 성장을 주도하기에는 역부족이다. 더욱이 새로운 아이디어와 기술로 무장한 기업이 끊임없이 태어나 시장을 선도하는 역동성이 갈수록 하락하고 있고, 한국경제의 미래를 짊어져야 할 많은 청년들이 취업난에 막혀 꿈을 키우지 못한 채 좌절하고 있다.

이 모든 것을 종합하면 지금 우리나라가 겪고 있는 경기 부진은 일시적인 현상이 아닌 구조적인 조로현상(早老現象)으로 해석함이 타당하다. 코로나바이러스 사태가 진정되더라도 한국경세가 예전의 활력을 되찾을 수 있을지 자신할 수 없는 이유이다.

이 책은 우리 경제의 경기 부진이 구조적인 성격을 띠고 있다는 인식에서 출발해 그 원인과 해결책을 모색하는 것을 목적으로 한다. 이를 위해 경제학의 시각에서 벗어나 문화적·제도적 특성을 포함하는 좀 더 근원적인 부분을 파헤쳐 보고자 했다. 경제 현상은 무수히 많은 경제주체들이 상호작용 하여 만드는 결과물이라는 점과 경제주체들의 상호작용은 사회문화적 맥락에 연동될 수밖에 없다는 점을 감안할 때 근원적인 문제해결을 위해서는 사회문화적 특성도 분석에 포함되어야 한다고 생각한다.

제1부

거버넌스의 변천사

제1장

한강의 기적, 그 비결은?

1. 두 얼굴의 한국경제

한국경제는 외양을 보면 선진국과 비교해도 손색이 없다. 세계 6위의 수출 대국인 데다 수출 상품에 내재된 기술력[1]이 세계 3위로 평가될 정도로 기술 고도화가 크게 진전되었으며, 혁신역량의 바로미터인 연구개발비(GDP 대비, 2018년 기준)는 세계 1위이다. 이를 반영해 세계경제포럼(World Economic Forum)은 우리나라의 국가경쟁력(Global Competitiveness Index)을 2019년 기준으로 141개 국가 중 13위로 평가한 바 있다.

---

[1]   하버드대학의 국제발전센터(Center for International Development)에서 133개 국가를 대상으로 매년 발표하는 경제복합도지수(Index of Economic Complexity)에 따른 국가 순위에 기초했다. 자세한 내용은 http://atlas.cid.harvard.edu/rankings 참조.

반면 질적인 측면을 살펴보면 우리나라가 과연 선진국인가 의심이 들 정도이다. 앞서 언급한 대로 비록 전반적인 국가경쟁력은 선진국으로 불리기에 부족함이 없지만, 세부 항목을 보면 사정은 사뭇 달라진다. 예를 들어 자본주의의 두 핵심 계층인 자본가와 노동자가 만나는 노동시장의 효율성이 51위에 불과한 데다 재산권 보호(39위), 부패도(42위), 회계 투명성(37위) 등 경제발전과 밀접한 관련이 있다고 밝혀진 제도 관련 지표들의 성적도 우리 경제의 위상과 걸맞지 않게 낮은 수준을 보이고 있다.

요약하자면 한국경제는 양적인 면에서는 선진국이지만, 시장의 효율성이나 제도의 질적 수준을 보면 후진국인 셈이다. 이처럼 두 가지 상반된 모습이 병존하는 것은 쉽게 설명하기 어려운 게 사실이다. 시장 거래가 활성화되려면 생면부지의 사람과도 거래가 가능해야 하는데 그러려면 거래상대방이 자신의 재산권을 부당하게 침해하지 않을 것이라는 믿음이 전제되어야 한다. 거래상대방에 대한 믿음은 오랜 상거래 경험을 통해 축적되기도 하지만 공권력에 의한 엄정한 재산권 보호가 있을 때 보다 확실해지기 때문이다. 그래서 상거래가 활발하고 소득수준이 높은 선진국일수록 시장 거래를 뒷받침하는 제도가 잘 발달되어 있다. 한국경제에서 관찰되는 두 가지 상반된 모습의 병존을 설명하기 어려운 이유가 여기에 있다.

한국경제의 두 가지 상반된 모습은 국내외 학자들에게 이미 잘 알려진 사실이다.[2] 그렇지만 이러한 특징이 한국경제의 발전을 저해하는 심각한 요인으로 여겨지지는 않고 있다. 오히려 제도의 낙후를 보완해 경이로운 경제발전을 가능하게 한 한국 특유의 비결이 무엇인지에 관심을 기울여왔다.

---

2) "Yet, South Korea, arguably the premier success story of the last half century, has sometimes been described as a First World economy with Third World institutions"(Noland, 2012: 20~42).

이는 아무래도 지난 수십 년간 한국경제가 이룩한 놀라운 경제발전의 성과, 위기 때마다 이를 극복해 온 저력, 비록 성과는 더디지만 꾸준히 추진되어 온 제도개선 노력 등이 후한 점수를 받은 덕이리라! 그러나 과거의 성공이 미래의 성공을 보장하지는 않는 법이다. 대외 여건은 물론이고 경제주체들의 의식구조와 산업구조는 바뀌기 마련이어서 변화에 잘못 대응하면 경제를 구성하는 여러 요소 간 정합성(coherence)이 흐트러져 지금까지의 성공비결이 미래의 제약 요인으로 변질될 수 있기 때문이다.

여기서 드는 의문은 과연 두 얼굴의 한국경제가 앞으로도 지속될 것인가이다. 시장 거래를 뒷받침하는 제도의 성숙도와 경제적 성과가 정비례한다는 일반적 원칙에 대해 한국이 얼마나 더 오래 예외로 남아 있을 수 있는지를 생각할 수밖에 없기 때문이다. 그러려면 제도의 낙후에도 불구하고 고도성장을 가능케 한 한국 특유의 비결이 무엇인지와 그 비결이 한국경제가 진정한 성숙 경제로 나아가는 데 여전히 유효한지를 따져볼 필요가 있다.

결론부터 말하자면 두 얼굴의 경제를 더 이상 지속할 수 없다는 게 필자의 견해이다. 낙후된 제도를 개선해 지속적인 경제발전 모멘텀을 마련하든지, 아니면 낙후된 제도에 가로막혀 경제의 활력을 잃어버릴지의 중대한 갈림길에 서 있는 게 한국의 현실이라는 점에서 그렇다. 이 점을 밝히는 것이 이 책의 목표 중 하나이다.

2. 시장촉진형 거버넌스와 성장촉진형 거버넌스

GDP(국내총생산)는 한 나라가 일 년 동안 생산한 부가가치를 모두 합친 것으로서 수많은 경제 구성원들이 상호작용 한 결과물이다. 생산 자원이 유한하기에 이왕이면 부가가치가 높은 품목의 생산에 보다 많은 자원을 투입하고, 품목이 같더라도 여러 생산요소를 잘 결합하여 더 나은 품질의 제품을 더 싸게 공급할 수 있는 기업이 보다 많은 사업 기회를 얻는 것이 국가 전체의 부가가치를 높이는 데 유리하다. 아울러 아무리 잘 만든 물건이라도 살 사람이 없다면 아무 가치가 없으므로 생산이 부가가치로 전환되려면 수요 기반이 조성되어야 하는데, 이를 위해서는 창출된 부가가치가 경제 구성원 간에 어떻게 분배되는지도 중요하다. 요약하면 한 나라가 가진 희소자원이 생산과정에 어떻게 배분되고, 생산된 물건이 어떤 과정을 거쳐 판매되며, 거기서 얻은 부가가치가 어떤 형태로 경제 구성원에게 분배되는지가 한 나라의 경제 성과를 좌우한다. 한 나라의 생산·판매 및 분배의 제반 과정을 조절하는 메커니즘을 거버넌스(governance)라 한다.

현재 지구상에 존재하는 국가들은 대부분 시장경제를 표방하고 있다. 시장경제란 자원의 배분과 소득의 분배가 가격을 매개로 하는 수요와 공급의 상호작용에 의해 결정되는 거버넌스 체제이다. 시장경제가 제대로 작동하려면 고도의 분업과 자유로운 교환이 전제되어야 하는데, 이를 위해서는 공정한 거래와 엄정한 재산권 보호를 뒷받침하는 제도가 구비되어야 한다. 그런 점에서 시장 거래를 뒷받침하는 제도의 발달 정도가 경제적 성과를 좌우한다고 볼 수 있다. 과연 그러한지 기존 연구 결과를 통해 살펴보자. 〈그림 1-1〉은 무슈타크 칸(Khan, 2008)에서 발췌한 것으로, 미국 메릴랜드대학 IRIS센터에서 집계하는 국가별 재산권 발전 정도를 1인당 GDP 증가율과 비교하고 있다. IRIS의 재산권지수는 법집행의 공정성, 정부의 청렴도, 행정 서비스의 질적 수준 등 재산권 행사와 직간접적으로 관련된 제도들을 점수화해 종합한 것으로, 한 나라의 시장 제도 발전 정도를 측정하는 데 유용한 지표 중 하나이다. 여러 연구 결과에 따르면 시장 제도가 발전한 나라일수록 1인당 국

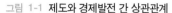

그림 1-1 제도와 경제발전 간 상관관계

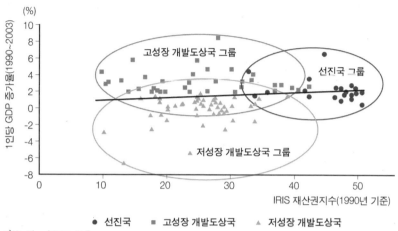

자료: Khan(2008: 124).

민소득 증가율이 높은데, 이 점은 〈그림 1-1〉에서 정(正)의 기울기를 보이는 굵은 실선이 대변하고 있다. 그러나 전체 샘플을 선진국, 고성장 개발도상국 (converging developing countries), 저성장 개발도상국(diverging developing countries)의 3개 그룹으로 구분해 보면 결론이 달라지는 것을 알 수 있다.[3] 즉 개발도상국만 비교할 경우 고성장 개발도상국의 높은 경제 성과가 재산

---

3) 　개발도상국을 고성장 국가와 저성장 국가로 구분하는 기준은 1인당 GDP 증가율이 선
　　진국보다 높은지를 기준으로 하고 있다. 개발도상국이 1인당 GDP 측면에서 선진국과
　　의 격차를 줄이려면 1인당 GDP 증가율이 선진국보다 높아야 한다. 무슈타크 칸
　　(Mushtaq Khan) 교수는 1인당 국민소득 측면에서 선진국과의 격차 여부를 기준으로
　　1인당 GDP 증가율이 선진국보다 높아 선진국과의 격차가 줄어드는 개발도상국을 수렴
　　형 개발도상국(converging developing countries)으로, 그렇지 못해 선진국과의 격차가
　　갈수록 벌어지는 개발도상국을 발산형 개발도상국(diverging developing countries)
　　으로 명명했다. 여기서는 수렴형이나 발산형 대신, 더욱 직관적인 이해가 가능한 고성
　　장국과 저성장국으로 구분했다.

권 제도의 발달에서 기인한 증거를 찾기 어렵다. 두 그룹의 X축 위치는 대동소이하고 Y축 높이만 다른 점은 재산권 제도의 발달 정도 차이가 고성장 개발도상국과 저성장 개발도상국을 구분하는 척도가 되지 않음을 의미한다. 오히려 재산권 제도의 발달이 경제발전을 이끈다는 학계의 연구 결과는 저성장 개발도상국 그룹과 선진국 그룹 간의 차이에서 기인한다는 것을 알 수 있다.

이러한 결과는 고성장 개발도상국의 경제발전 성과가 재산권 행사 등 시장 거래와 관련한 제도의 발전이 아닌 제3의 요인에서 기인함을 시사한다. 사실 경제성장률이 높거나 낮거나 관계없이 개발도상국의 입장에서 고도로 발달된 시장 제도를 유지·관리하기란 쉽지 않다. 우선 시장 제도를 유지·관리하는 데 적지 않은 비용이 든다. 생면부지의 사람과도 거래할 수 있으려면 거래상대에 관한 정확한 정보가 제공되어야 하고 거래가 공정하게 이뤄지고 있는지 상시 감시해야 하며 거래 쌍방 간 분쟁이 있을 경우 이를 중재하는 기구가 있어야 하는데, 이 모든 활동에는 비용이 든다. 둘째, 시장 제도를 유지·관리하는 업무는 본질적으로 공공재적 성격이 있는데 소득수준이 높지 않은 개발도상국의 사정상 공공재 공급을 위해 국민의 납세 부담을 늘리기가 쉽지 않다. 국민의 담세 능력이 크지 않을 뿐 아니라 조세 저항도 만만치 않기 때문이다.

결국 개발도상국의 경우 경제적 성과의 좋고 나쁨과 관계없이 많은 비용이 드는 고도로 발달된 시장 제도를 구비하기 어렵다. 따라서 어떤 나라가 개발도상국의 한계를 극복하고 높은 성장률을 구현했다면 시장 제도의 발달로 설명할 수 없는 나름의 거버넌스를 갖추고 있다는 의미가 된다. 실제로 선진국에서 흔히 발견되는 시장 제도를 개발도상국에 이식하기가 쉽지 않다는 것은 여러 역사적 사례를 통해 쉽게 확인할 수 있다. 1990년대 초 급진적 민영화 조치 이후 러시아 경제가 겪은 극도의 사회경제적 혼란은 자본주의의 근간인 사유재산제도가 법규와 관행의 불일치로 인해 단기간에 제대로 정착되기 어렵다는 것을 잘 보여주고 있다. 잦은 금융위기를 겪던 남미 국가들이 1980년대 이후 추진한 개혁 조치들의 경우도 시장 제도 발전을 주된 목표로 했으나 개혁 조치 이후 경제성장률이 오히려 낮아지는 등 소기의 성과를 거두지 못한 것으로 나타났다.[4]

이처럼 시장 제도를 제대로 구현하기 어려운 개발도상국의 입장에서 어떻게 하면 경제성장률을 높일 수 있을까? 이와 관련해 무슈타크 칸(Mushtaq Khan) 교수는 한 국가의 거버넌스를 선진적 시장 제도를 기반으로 한 시장 촉진형 거버넌스(Marketenhancing Governance)와 고성장 개발도상국에서 발견되는 성장촉진형 거버넌스(Growth-enhancing Governance)로 구분하고, 후자의 특징을 다음의 세 가지로 요약했다.

첫째, 시장의 가격 기능을 대체할 비시장적 자원배분 기구가 있어야 한다. 특히 개발도상국에서 흔한 부정부패나 지대추구(rent-seeking)와 같은 시장실패 요인을 제어할 수 있는 자원배분 기제가 필요하다.

둘째, 경제의 지속적 발전을 도모하려면 학습을 통해 선진기술을 연마하고 선진국과의 기술격차를 줄이는 추격 역량을 갖춰야 한다.

셋째, 경제발전은 경제 구성원들의 협력이 전제되어야 하므로 경제발전 과정에서 나타나기 쉬운 사회갈등을 제어하는 능력이 필요하다.

---

4) 엄정한 재정집행을 통해 재정 규율을 확립하고 민영화와 보조금 삭감 등을 통해 지대 추구와 부패 유인을 제거하는 것을 주된 내용으로 했다.

3. 고도성장기 한국식 거버넌스의 실체

1960년대에서 1990년대 초반에 이르기까지 약 30여 년간 지속된 '개발연대(開發年代)'의 한국경제는 무슈타크 칸 교수가 말한 세 가지 성장촉진형 거버넌스의 특징을 보이고 있는데, 각 특징별로 한국식 거버넌스의 실체를 살펴보기로 한다.

1) 비시장적 자원배분 메커니즘

경제개발 초기의 한국은 변변한 산업 시설이 없고 신뢰에 바탕을 둔 상거래 경험도 일천한 전형적인 저소득국이었다. 따라서 다른 저소득국과 마찬가지로 자유로운 시장 진입, 퇴출, 탄력적 가격변동을 통해 수요와 공급이 조절되는 시장기구가 제대로 작동하기 어려웠다. 오히려 각종 규제와 세제 및 금융상의 특혜를 통해 자유로운 시장 참여와 공정한 경쟁이 의도적으로 제한되었다. 그 대신 어떤 산업에 진출할지 그리고 누가 사업권을 따낼지는 정부 주도로 마련한 경제개발계획의 큰 그림 아래 정부와 소수의 기업 간 협의를 통해 결정되는 게 일반적이었다. 그러나 정부와 소수의 기업으로 구성된 엘리트 집단에 의한 자원배분은 그 과정이 투명하지 않고 공정한 경쟁이 보장되지 않으므로 정경유착, 부정부패, 지대추구의 문제를 낳아 자원배분이 실패할 가능성이 매우 높다. 그런데도 개발연대의 자원배분이 나름의 성과를 낸 비결은 무엇인가? 이 시기에 관한 여러 연구를 종합하면 '성과(수출)를 전제로 한 차별적 지원'이 그 비결이라 하겠다. 능력 있는 소수의 기업을 골라 각종 특혜를 제공하는 대신 정부의 보호가 없는 국제무대에서 경쟁하여 성과를 내지 못하면 가차 없이 지원을 회수함으로써 특혜가 지대추구로 연결되지 않도록 했다. 더욱이 정부 지원의 전제가 되는 성과기준의 양적 목표를 지속적으로 상향 조정하는 한편, 한 단계 높은 기술이 요구되는 신산업에 대한 과감한 도전을 독려함으로써 제한된 시장을 둘러싼 '소모적 제로섬 경쟁'보다 경쟁력 배양을 위한 '학습형 포지티브섬 경쟁'이 가능하도록 한 점도 주효했다. 성과를 전제로 한 차별적 지원은 수출기업에만 국한된 것이 아니어서 자조(自助)를 핵심 가치로 하는 새마을운동에서 그대로 구현된 점도 이 시기의 두드러진 특징이라 하겠다.

2) 도전과 학습을 통한 비교우위 산업의 고도화

1960년대 초 본격적으로 경제개발이 시작된 이래 꾸준히 관찰되는 현상 중 하나는 비교우위 산업의 지속적 고도화이다. 포항종합제철 설립(1968), 현대그룹의 조선업 진출(1973), 최초의 고유 모델 자동차 개발(1975), 64K DRAM 반도체 개발(1983), 디지털TV 상업화(1998) 등 여러 굵직굵직한 이벤트에서 공통적으로 관찰되는 것은 현재에 만족하지 않고 한 단계 높은 기술이 필요한 미래산업에 무리하다고 느껴질 정도로 과감하게 도전해 경쟁력 있는 현재산업으로 키우는 능력이었다.

이러한 과정이 일 회에 그치지 않고 반복될 수 있었던 비결은 무엇인가? 미래의 유망 업종을 감지하는 육감, 무에서 유를 창출해 내려는 도전정신, 그리고 꿈을 현실화하는 추진력을 갖춘 유능한 기업가 그룹이 없었다면 비약적 산업고도화가 불가능했을 것임은 자명하다. 여기에 석유화학단지, 종합제철소 등 경제발전 단계별로 주력산업의 생산 활동을 지원하는 기초산업을 직접 운영하거나 HD TV 관련 민관합동 컨소시엄의 사례(Lee, Lim and Song, 2005)가 보여주듯이 신산업 육성에 필요한 기초적 기술 환경을 조성한

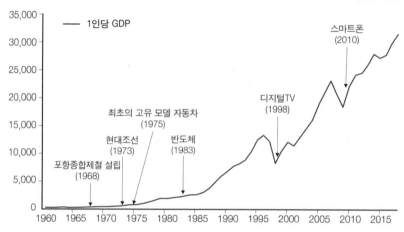

그림 1-2 **산업고도화의 주요 사건들**

(단위: 달러)

자료: 1인당 GDP(한국은행).

정부의 지원이 있었던 점도 무시 못 할 비결이다. 마지막으로 기술개발의 일선 현장에서 시행착오를 두려워하지 않고 기술개발에 헌신한 기술자들의 높은 학습능력과 이에 대한 기업의 과감한 지원도 빼놓을 수 없는 성공 요소라 하겠다.

이러한 한국의 산업고도화 경험은 현재의 비교우위에 얽매이는 교과서적 접근에서 탈피해 미래의 비교우위를 미리 내다보고 발 빠른 투자를 통해 선진국과의 기술격차를 줄이고 기회를 선점하는 능동적인 산업고도화 전략이 주효했음을 시사한다고 하겠다.

3) 사회통합 유지

고도성장기의 한국 사회는 오랜 독재정치의 경험이 있었고 정치민주화

과정에서 적지 않은 갈등을 겪기도 했지만, 경제발전을 이끌 정도의 사회통합은 구비되어 있었던 것으로 판단된다. 이는 잘 짜인 제도의 덕을 본 것이라기보다는 아무래도 성장을 중시하는 시대 정서에서 기인한 바 크다고 하겠다. 이를 좀 더 부연 설명하면, 남북 대치의 안보 상황과 절대빈곤의 경제저 상황이 체제 생존의 절박감으로 연결되어 개인의 안위보다 국가 전체의 이익을 우선시하는 국민 정서를 낳은 데에다 계층이동이 비교적 자유로운 가운데 이뤄진 고성장 탓에 오늘보다 내일이 나은 현실을 반복적으로 경험하는 과정에서 한국인 특유의 신분 상승 욕구가 근면, 성실의 생활 태도와 미래를 위한 자기계발로 승화되었다. 그 결과는 상당히 높은 수준의 사회통합이었다.

4. 한국식 거버넌스의 문화적 뿌리

거버넌스의 핵심은 경제주체 간 상호작용을 제어하는 데 있다. 경제주체 간 상호작용은 행위 주체가 누구인지에 따라 사람과 사람 간 관계일 수도 있고, 단체와 단체 간 관계일 수도 있으며, 상호작용의 목적에 따라 경쟁관계와 협력관계로 구분할 수도 있다. 경제주체 간 상호작용은 공적인 제도의 제약을 받지만, 경제주체가 속한 사회의 구성원들이 공유하는 규범이나 관행과 같은 비공식적 제도의 영향도 받는다. 따라서 한 나라의 거버넌스를 제대로 이해하려면 공적제도는 물론이고 비공식제도도 함께 고려해야 한다. 비공식적 제도가 오랜 기간에 걸쳐 형성된 사회문화의 영향을 받는 점을 고려할 때 한국식 거버넌스의 근원을 찾으려면 한국의 사회문화를 먼저 규명할 필요가 있다. 그런 취지에서 사회문화를 조직문화의 관점에서 접근한 헤이

르트 호프스테더(Geert Hofstede)의 문화 분류(typology of national culture)를 참고하여 한국의 사회문화를 규명하기로 한다. 그 이유는 조직문화가 조직 구성원 간 상호작용을 제어하는 문화적 특질을 반영한다는 점에서 한 나라의 거버넌스와 밀접한 관련이 있기 때문이다. 호프스테더는 국가의 문화적 특질을 ① 권력거리, ② 집단주의/개인주의, ③ 불확실성 기피 성향, ④ 남성성/여성성, ⑤ 장기지향성/단기지향성의 다섯 가지 차원으로 분류했다. 그중 대표적인 두 가지 차원, 즉 '권력거리(power distance)'와 '집단주의/개인주의(collectivism/individualism)'를 기준으로 논의를 전개하고자 한다. 왜냐하면 5가지 문화특질 중 이 두 가지 차원의 문화특질만이 예나 지금이나 변하지 않은 상수(常數)로 남아 있기 때문에, 고도성장기에서 저성장기로 이행하는 과정에서 이 상수들과 공적제도와 같은 상황적 변수 간 정합성이 어떻게 변질되었는지를 따짐으로써 성장둔화의 실마리와 성장동력 회복의 해법을 찾을 수 있다고 보기 때문이다.

호프스테더의 분류법에 따르면 우리나라는 권력거리가 길고 집단주의적 성격이 강한 조직문화에 속한다. 여기서 권력거리가 길다는 것은 경제 구성원 간 권력 배분의 불평등을 용인하는 국민적 성향이 강함을 의미하고 집단주의란 국민 각자가 스스로를 독립된 인격체로 인식하기보다 자신이 속한 집단의 일원으로 인식하는 경향이 강함을 의미한다. 이와 관련해 강조하고자 하는 바는 권력거리가 길거나 집단주의적 인식이 강한 것 자체가 경제성장에 유리하거나 불리하지는 않다는 점이다. 긴 권력거리나 집단주의적 인식 모두 장점과 단점이 있어 상황에 따라 장점이 될 수도, 단점이 될 수도 있기 때문이다. 예를 들어 권력의 불평등 배분이 쉽게 용인되는, 즉 권력거리가 긴 사회는 수직적인 조직문화와 상사에 대한 절대복종이 미덕으로 여겨짐에 따라 신속한 의사결정과 일사불란한 추진이 가능하지만 엄격한 위계질서 탓에

그림 1-3 **고도성장기의 한국식 거버넌스**

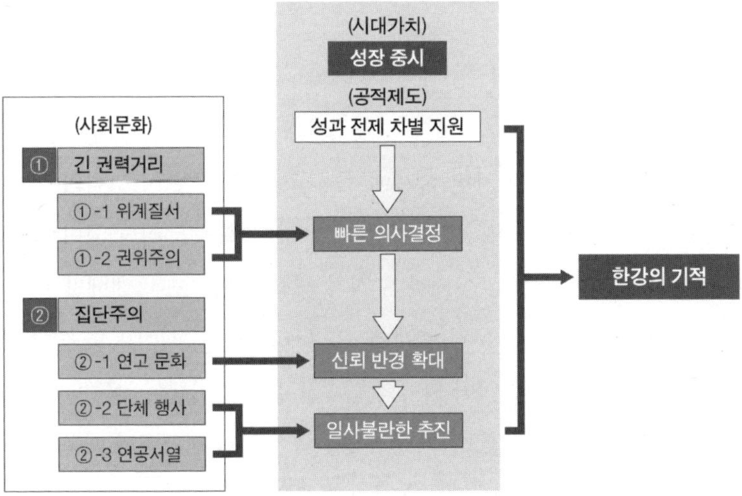

의사결정이 경직적이고 유인 부족으로 조직 하층부에 복지부동이 만연할 가
능성이 높다. 집단주의의 경우도 조화가 강조되는 탓에 조직의 통일성을 유
지하기 쉽지만, 다원성 결여로 조직 구성원의 창의성이 제약되거나 내집단
에 대한 맹목적 충성을 유발해 정실 관계(cronyism)를 유발하기도 한다.

〈그림 1-3〉은 조직문화의 관점에서 한국식 거버넌스를 체계화하고 있다.
호프스테더에 따르면 한국의 조직문화는 긴 권력거리와 집단주의를 양대 축
으로 한다. 긴 권력거리는 권력의 불평등한 배분을 용인하는 문화적 특질을
의미한다는 점에서 엄정한 위계질서와 권위주의로 발현된다. 집단주의는
국민 각자가 스스로를 독립된 인격체로 인식하기보다 자신이 속한 집단의
일원으로 인식하는 경향이 강함을 의미하는데 우리나라의 조직에는 집단주
의적 특징을 가진 여러 제도적 장치가 있다. 학연과 지연으로 대표되는 연고
문화, 공식 제도는 아니지만 직장 회식이나 야유회처럼 조직 경영에 뿌리내

린 집단주의적 의식(ceremonies), 연공서열에 의한 승진제도가 그것이다.

1) 위계질서와 권위주의

권력거리가 긴 문화를 가진 국가에서는 의사결정 권한이 조직의 상층부에 집중되고(위계질서) 조직의 하층부는 하달된 지시를 별 이의 없이 따르는 것(권위주의)이 일반적이다. 이러한 수직적 상하관계는 조직 내에만 머물지 않고 하청 계약을 맺은 기업 간 관계에서도 나타난다. 수직적 문화는 협의나 설득 절차를 거칠 필요가 없어 의사의 신속한 결정과 집행이 가능할 뿐 아니라 사람 간 또는 조직 간 상호관계에서 권위가 신뢰를 대체하기 때문에 경제개발 초기에 한국 사회에 만연했던 신뢰 부족을 보완하는 순기능을 했다.

2) 연고문화

한국인은 가족 이외의 사람을 쉽게 믿지 못하지만 고향이나 출신 학교가 같다면 처음 만난 사이라도 경계의 벽을 낮추는 경향이 있다. 동향인이나 동문에게만은 사기를 치지 않으리라는 믿음이 있기에 가능한 현상이다. 이런 이유로 인해 연고문화는 가족으로 국한되기 쉬운 한국 사회의 신뢰 반경을 획기적으로 넓히는 순기능을 했다. 믿을 만한 사업 파트너를 찾거나 사업상 부딪히는 여러 어려움을 해결하는 데 유용하다는 점에서 지연과 학연으로 짜인 연고망이 경제행위를 영위하는 데 없어서는 안 될 중요한 자본임이 틀림없다. 다만, 기계(물적자본)나 지식(인적자본)과는 달리 사람과 사람 간 관계에서만 작용한다는 점에서 사회자본이라 불린다. 모든 인간 사회는 사람 간 상호작용을 내포하기에 어떤 형태로든 사회자본이 필요하다. 그러나 한국 사회의 경우 가치를 공유하는 사람들의 모임인 선진적 공동체가 덜 발달한 데다 사람 간의 원초적 신뢰도 부족하기에 연고를 기반으로 한 폐쇄적 형태의 사회자본이 발달할 수밖에 없었다. 회사라는 이익공동체 내에서조차 출신 지역이나 학교를 달리하는 여러 연고 모임이 있는 점이나 정당 공천이나 중요 기관상 자리에 대한 언론 하마평에서 출신 지역과 학교가 빠지지 않는 점이 그 증거이다.

3) 비공식 단체 행사

고도성장기의 한국을 되돌아보면 야근이 일상화될 정도로 근로시간이 길기도 했고 저녁 회식이나 휴일 행사 등 형식은 자발적 참여지만 사실상 업무의 연장인 비공식적인 행사도 적지 않았다. 선진국 문턱에 들어선 현재의 시각에서 보면 불공정 고용 관행에 해당하지만, 가난 탈피 열망이 컸던 당시로서는 부정적인 것만은 아니었다. 근무시간에는 불가능한 상하 간 진솔한 대화의 기회를 제공함으로써 지시와 복종의 수직적 조직문화에 결핍하기 쉬운 '인간의 온기'를 불어넣고 이를 통해 조직의 조화와 단합을 가져오는 순기능이 있었던 것이다(Yang and Horak, 2019).

4) 연공서열 제도

고도성장기의 한국경제는 조직에서의 지위나 보수가 구성원 각자의 능력보다는 조직에 얼마나 오래 몸담고 있는지에 따라 결정되었다는 점에서 집단주의적 색채를 띤다. 이러한 연공서열제는 연장자에 대한 존중을 미덕으로 여기는 한국인의 정서에 부합할 뿐만 아니라 나이가 들수록 지출이 늘어나는 지출의 생애 구조에 부합하는 장점이 있다. 아울러 개인의 능력 차이를 충분히 고려하지 못하는 한계는 있지만 성과 평가의 공정성 시비에서 자유롭고 조직원 간 소모적 경쟁을 방지하는 장점도 있어 조직의 단합과 통일성을 이루기 쉬웠다.

권위주의와 위계질서로 구현된 긴 권력거리 문화와 연고주의, 비공식적 단체 행사 및 연공서열제로 구현된 집단주의 문화는 고도성장기 한국경제의 거버넌스를 특징짓는 문화적 기저였다. 권위적 리더십에 바탕을 둔 위계질서는 신속한 의사결정을 가능하게 했고, 연공서열제와 비공식적 단체 행사는 위에서 결정된 사항의 일사불란한 추진이 가능한 조직 풍토를 조성했으며, 연고를 기반으로 한 경제 구성원 간 상호작용은 한국인의 신뢰 반경을 넓혀 보다 많은 사람과 상거래를 할 수 있는 여건을 마련했다. 그리고 그 결과는 전 세계가 격찬해 마지않는 '한강의 기적'이었다. 여기서 주목할 만한 사항은 한국의 고도성장을 이끈 거버넌스의 실체가 선진국에서 발견되는 시장촉진형 거버넌스가 아니라는 점이다. 자유로운 시장 참여와 탄력적 가격 변동을 통한 수요와 공급의 조절이라는 시장 기능 대신 정부 관료와 소수의 기업가로 구성된 엘리트 집단이 자원배분을 주도했다. 이러한 비시장적 자원배분 기제는 긴 권력거리와 집단주의를 특징으로 하는 한국의 조직문화와 궁합이 맞았던 데다 체제 유지와 가난 탈피라는 개발연대 초기의 절박한 시대 상황과 '성과를 전제로 한 차별적 지원' 정책이 한데 어우러지면서 정실주의와 지대추구라는 후진국형 시장 실패를 최소화할 수 있었던 것이다. '한강의 기적' 이면에 자리 잡은 숨은 비결은 바로 여기에 있다고 하겠다.

제2장

공적제도의 변화

1. 성장에서 공정으로의 시대가치 변화

거버넌스는 공적제도와 비공식제도로 구분할 수 있다. 공적제도는 명문화된 법률과 이를 강제하는 기구를 말하며, 성장·공정 등 경제 구성원들이 공유하는 시대적 가치관의 영향을 받는다. 비공식제도는 명문화되지 않은 규범이나 관행으로서 사회문화의 영향을 받는다. 공적제도와 비공식제도는 서로 보완적 관계를 형성해 경제 활동을 뒷받침하기도 하지만, 모순적 긴장 관계를 형성해 정상적 경제 활동을 방해하기도 한다. 거버넌스의 정합성은 공적제도와 비공식제도 간 관계가 상호보완적일 때 충족된다.

경제가 지속적으로 발전하려면 경제주체 간 상호작용을 제어하는 거버넌스가 끊임없이 진화되어야 한다. 경제 고도화 과정에서 기술 여건과 산업구조는 물론이고 경제 구성원들이 공유하는 가치관도 바뀌기 마련이어서 거버넌스의 여러 구성 요소 간 정합성이 흐트러지지 않도록 공적제도와 비공식제도의 끊임없는 개선이 필요하기 때문이다. 고도성장기 한국의 거버넌스는 공적제도와 비공식제도 모두 성장 친화적이라는 점에서 정합적이었다. 앞서 언급했듯이 이 시기의 공적제도는 체제 유지와 가난 탈피가 절박했던 개발연대 초기의 상황을 반영해 '성과를 전제로 한 차별 지원'을 구현하는 방향으로 설계되었고, 비공식제도 또한 권위적 위계와 연고 중심의 집단주의를 바탕으로 압축성장에 필수적인 신속한 의사결정과 일사불란한 집행을 가능케 했다는 점에서 두 제도 모두 성장 지향적이었다.

그러나 고도성장기의 성장 지향적 거버넌스는 경제 여건이 변하는 과정에서 점차 내적인 모순을 드러내게 된다. 성장 위주의 발전 전략 덕에 단기간에 소득수준을 획기적으로 끌어올릴 수 있었으나 경제력 집중과 빈부격차 심화라는 문제를 야기했다. 권위에 의존한 수직적 문화는 압축적 추격 전략을 펴기에 유리한 환경을 조성했으나 건강한 노사관계 정립에 걸림돌로 작용했고, 반재벌 정서 확산의 계기를 제공하기도 했다. 소수의 엘리트 집단이 주도하는 비시장적 자원배분 방식도 기회균등이나 투명한 의사결정과 거리가 멀어 공정경쟁 원칙에 위배되는 치명적 약점을 안고 있었다. 그 결과 개발연대에 형성되었던 성장지상주의는 점차 힘을 잃고 이를 대체하는 새로운 가치가 등장하면서 이후 추진된 일련의 공적제도 변화를 이끌게 된다. 그러면 개발연대의 핵심 가치인 '성장'을 대체한 새로운 시대가치는 무엇인가? 1980년대 이후 추진된 일련의 경제개혁 조치에서 일관되게 관찰되는 '공정(fairness)'의 가치가 바로 그것이다.

개발연대에는 누구나 시장에 참여할 수 없었기에 기회가 균등하지 않았고, 특혜성 지원 탓에 경쟁에 참여하는 모든 기업이 동일한 출발선에 설 수 없었다. 새로운 시대가치로서 '공정'은 개발연대에 용인되던 시장진입의 인위적 제한이나 특혜성 자금 지원을 거부하고 기회균등과 정당한 재산권 행사를 지지한다는 점에서 결과보다 과정을 중시한다. 그러나 과정을 중시한다고 해서 '공정'이 '성장' 자체를 부인하는 것은 아니다. '공정'이 강조되는 오늘날에도 '성장 없는 공정'이 국민적 지지를 받기 어렵다는 점에서 성장은 여전히 유효한 가치이다. 과거와 달라진 점이 있다면 '공정이 전제되지 않은 성장'은 더 이상 용인될 수 없다는 것이다. 오히려 공정을 적극적으로 수용하는 것이야말로 성장을 구현하는 최선의 길이라는 게 새로운 시대가치의 진정한 의미라 하겠다.

1) 공정은 시장경제의 핵심 가치

새로운 시대가치인 '공정'은 앞서 언급한 시장촉진형 거버넌스에 부합하는 가치체계이다. 시장촉진형 거버넌스는 신축적인 가격의 변동을 통해 수요와 공급이 조절되는 시장경제를 지향한다. 누구나 하고 싶은 일에 종사할 수 있고 원하는 시기와 장소에서 조건이 맞는 상대와 자유롭게 거래(교환)를 할 수 있는 경제가 이상적인 시장경제의 모습이다. 시장경제에서는 그 무엇보다도 '기회의 균등'이 전제되어야 한다. 수많은 개인이 어울려 사는 사회에서 누구나 '선택의 자유'를 누리려면 시장 참여의 문호가 열려 있어야 하기 때문이다. 아울러 시장경제에서는 '계약의 공정성'이 요구된다. 선택행위는 노동력 등의 생산요소나 화폐 등 구매력에 대한 소유권 이전을 수반하므로 선택의 자유가 침해되지 않으려면 '사적재산권에 대한 사회적 합의'가 전제되어야 하고, 이는 계약의 공정성이 담보되지 않고서는 불가능하다는 점에서 그렇다.
요약하면 시장경제는 모든 경제주체의 경제적 '자유'를 보장하는 기제로서 '공정'을 중시하는 거버넌스 체제이다. 1980년대 이후 우리 경제가 추진한 일련의 경제개혁 조치들이 예외 없이 '공정'의 가치를 살리는 방향으로 설계되었다는 점에서 시장경제를 지향하고 있다고 하겠다. 그러면 시장경제에서 공정의 가치를 어떻게 구현할 수 있을까? 이에 관해서 우리나라는 물론이고 전 세계가 최선의 방안으로 공유하는 두 단어가 있으니 '경쟁'과 '투명성'이 바로 그것이다. 오늘날 시장경제를 채택하고 있는 국가에서 경쟁과 투명성은 그 누구도 이의를 달기 어려울 정도로 그 필요성이 인정되고 있다는 점에서 일종의 신앙(faith)으로서 지위를 누리고 있다고 볼 수 있다.

2) 시장경제에서 경쟁의 의미

시장경제에서 경쟁의 역할이 무엇이냐고 누군가 물어본다면 대부분의 경우 효율화라고 답할 것이다. 각자 하나의 물건을 생산하는 데 특화하고 생활에 필요한 다른 물건은 교환을 통해 얻는 것이 효율적이라는 분업의 논리가 그것이다. 여기서 경쟁은 가장 잘 만드는 사람들에게 일감이 돌아가도록 함으로써 분업의 효과를 극대화하는 역할을 담당한다. 상당히 일리가 있는 말이다. 그러나 효율만으로 시장경제의 진면목을 다 담아낼 수 없다.

우선 효율만 강조하다 보면 삶의 진정한 의미를 놓치기 쉽다. 가령 자신에게 배정된 일이 적성에 맞지 않는 데다 그만둘 수도 없다면 그 일에 열과 성을 다할 사람이 과연 몇이나 될까? 분업만 되면 경제의 효율이 저절로 높아지는 게 아니다. 둘째, 적자생존의 논리로만 경쟁을 바라보아서도 안 된다. 인간은 자주적 인격체이기 때문이다. 물론 승패를 가르는 경쟁 압력이 전혀 없다면 인간은 나태해지기 마련이다. 그렇다고 경쟁이라는 외압에만 의존해서도 안 된다. 누구나 자신의 안위를 우선시하는 게 사실이지만 사회적 동물인 인간의 행위를 사익 추구로만 설명할 수 없다. 민생고를 해결하는 것도 중요하지만 경제 구성원으로서의 가치를 증명하고 싶은 욕구도 있다. 나의 발명이 인류의 삶을 풍요롭게 하거나 타인의 목숨을 구하는 데 요긴하게 쓰인다면 당장 돈이 되지 않더라도 우리는 보람을 느낀다. 그래서 경쟁은 적자생존 이상의 의미를 담고 있다.

그러면 시장경제에서 경쟁의 의미를 어떻게 보아야 할까? 앞서 언급한 바 있듯이 시장경제에서 경쟁의 진정한 의미는 '선택의 자유'와 연결할 때 비로소 이해할 수 있다. 누구나 하고 싶은 일을 하고 있을 때 만족을 느낀다. 여기에 남의 인정까지 더해지면 금상첨화이다. 자기만족은 금전적 보상을 뛰어넘는 힘이 있다. 예를 들어보자. 미국에서 대학교수는 학력에 비해 소득이 낮은 대표적인 직종이다. 하버드대학, MIT 등 내로라하는 대학에서 박사학위를 취득했어도 대학교수로 재직하는 한 평생 박사학위 소지자의 산업체 초임을 넘어서기 쉽지 않다. 그런데도 그들은 자신의 직업을 천직으로 알고 묵묵히 학문에 매진한다. 또 다른 예는 빌 게이츠(Bill Gates)와 같은 거부들의 행태이다. 이들은 일찍이 평생 쓰지도 못할 엄청난 부를 쌓았음에도 은퇴하지 않고 왕성한 사회 활동을 한다.

이처럼 선택의 자유는 금전적 보상을 뛰어넘는 자기만족을 준다. 여기에 더해 선택의 자유는 경제 전체의 효율을 높이는 부가적인 기능도 있다. 스스로 원하는 일을 하다 보니 좀 더 잘하려는 욕심이 생기고 이것이 개인의 창의를 자극한다. 그 결과 경제 전체의 효율이 높아진다. 이런 점에서 시장경제의 원초적 가치는 자유이고, 효율은 자유의 부산물이라 할 수 있다.

그러면 경쟁은 자유와 어떤 관계가 있는가? 경쟁은 선택의 자유를 지탱하는 핵심 기제라는 것이 필자의 견해이다. 그 이유는 다음과 같다. 우선 인간 사회는 유기적으로 연결된 여러 역할의 집합체인데 역할마다 요구되는 적성과 사회에 미치는 영향력이 달라 보상에도 차이가 있다. 그 결과 영향력이 크고 보상이 큰 역할에 지원자가 몰리기 마련이어서 어느 역할을 누구에게 맡길지 역할 배분 문제가 발생한다. 과거 전제왕권 시대에는 힘없는 계층의 선택권을 제한하는 방식으로 역할 배분 문제를 해결했다. 그러나 이는 힘의 논리에 따라 선택의 자유를 제한하는 것이라 법 앞의 평등을 중시하는 현대 사회와 맞지 않다. 게다가 능력에 따른 역할 배분이 아니라서 효율성도 낮다. 경쟁은 비록 모든 사람(패자)을 만족시킬 수 없어도 최소한 기회를 제한하지 않는다는 점에서 '선택의 자유' 취지에 부합한다. 결국 경쟁은 선택의 자유라는 시장경제의 근간을 유지하는 핵심적인 기제라 하겠다.

3) 시장경제에서 투명성의 역할

시장경제에서 투명성은 경제 활동 전반에 걸쳐 '공정'의 원칙이 제도나 관행으로 뿌리내린 상태를 의미한다. 의사가 결정되고 집행되기까지 일련의 과정이 사전에 정해진 규칙에 따라 엄정하게 이뤄지고 과연 그러했는지를 제3자도 쉽게 확인할 수 있을 정도로 관련 정보가 충분히 공개될 때 투명성의 요건이 충족된다고 하겠다.

투명성은 당위론으로 흐르기 쉬운 공정의 원칙을 실천 가능한 가치로 전환하는 기준을 제시한다. 공정은 무인도에 홀로 사는 로빈스 크루소에게는 불필요한 덕목이다. 자신의 행위로 인해 피해를 볼 타인이 없기 때문이다. 그러나 수많은 사람이 한데 어울려 사는 사회는 사정이 다르다. 자신의 무분별한 사익 추구가 타인의 정당한 사익 추구를 방해하지 않도록 공정의 원칙을 지켜야 사회가 유지된다. 문제는 자신의 불법행위를 아무도 알아채거나 반대하지 못하는 상황이라면 도덕의식으로 중무장하지 않는 한 부당한 사익 추구의 유혹을 뿌리치기 어렵다는 점이다. 투명성은 공정한 경기규칙을 제정하고 관련 정보의 공개를 강제함으로써 사익 추구에 책임성(accountability)을 부여하는 것을 목적으로 한다.

그러나 행위의 책임성은 투명성을 강제하는 것만으로 달성될 수 없다. 아무리 정보공개 의무를 강화하더라고 관행이 뒤따르지 않는다면 경제행위의 투명성은 달성될 수 없기 때문이다. 회계규정이 정치하게 발달된 선진국에서조차 회계 비리가 발생하듯이 비리의 유혹을 스스로 뿌리치는 윤리 의식이 관행으로 정착되지 않는 한 투명성이 책임 있는 행위로 연결되기 어렵다. 투명성이 책임 있는 행동으로 연결되려면 제도와 관행의 일치가 요구된다고 하겠다.

2. 공정의 시대가치 구현을 위한 공적제도의 변화

시장경제체제를 채택한 나라라면 1980년대 이후 경쟁과 투명성을 거스를 수 없는 대세로 인정했다. 우리나라도 예외는 아니었다. 경쟁과 투명성은 선택의 자유를 보장하고 책임 있는 행동을 유도함으로써 공정한 시장 거래 질서 확립을 목적으로 한다는 점에서 시장촉진형 거버넌스를 지향한다.

우리나라의 거버넌스가 언제 '성장촉진형'에서 '시장촉진형'으로 전환되었는지는 학자마다 견해가 다르다. 어떤 이는 국정 운영 기조를 '성장'에서 '안정'으로 전환한 1980년대 초로 보기도 하고, 다른 이는 외환위기 직후인 1990년대 말로 보기도 한다. 1980년대 초로 보는 견해는 공적제도의 변화를 이끈 시대가치가 언제 변했는지를 주목하는 반면, 1990년대 말로 보는 견해는 현 거버넌스의 기본 골격이 외환위기 직후 단행된 경제개혁에서 비롯됨을 주목한다. 이 책은 우리 경제에 저성장을 가져온 거버넌스의 실질적 변화에 초점을 맞춰 1990년대 말을 거버넌스의 전환 시점으로 간주하기로 한다.

이 책은 우리 경제의 저성장 원인을 거버넌스의 변질에서 찾고 있다. 외환위기 이후 공정경쟁 여건을 조성하고 투명성을 강화하는 방향으로 경제개혁이 단행되었으나, 사회문화로 대변되는 비공식제도는 그대로인 상태에서 공적제도만 변하다 보니 공적제도와 비공식제도 간 부정합 문제가 불거졌고 그로 인해 경쟁이 왜곡되고 투명성이 책임 있는 행동으로 이어지지 못하는 문제가 나타나 이것이 성장잠재력 저하로 이어졌다는 것이다. 그리고 이런 주장을 뒷받침하기 위해 외환위기 이후 추진된 경제개혁 조치를 경쟁과 투명성의 측면에서 세 가지 특징으로 정리했다.

1) 경제력 집중 억제와 경제적 약자 보호

성장촉진형 거버넌스가 대세였던 개발연대에도 경쟁은 있었다. 세제나 금융상의 특혜가 일부 기업에 편중되었기에 비록 경쟁이 공정했다고 말할 수는 없으나 그럼에도 기업이 느끼는 경쟁 압력은 상당했다. 특혜가 수출실적과 연계된 탓에 세계시장에서 살아남아야 했고, 수출 목표가 매년 상향 조정되었기에 특혜를 계속 받으려면 끊임없이 성장할 수밖에 없었다. 이런 점에서 개발연대의 공적제도는 잘하는 기업을 우대하는 '차별 지원'이 핵심이었다.

반면 경제 운영 기조가 안정으로 전환된 1980년대 이후의 경쟁 정책은 '기울어진 운동장 바로잡기'에 초점을 맞추고 있다. 세제나 금융상의 특혜가 대부분 폐지되어 공정경쟁 원칙에 많이 가까워졌으나 경제력 집중에 대한 세간의 우려를 반영해 대기업은 규제하고 중소기업은 보호하는 정책들이 대거 등장했다. 대기업은 계열사 간 상호출자 금지 및 출자총액제한 등의 규제가 부과된 반면, 중소기업은 중기적합업종 지정, 금융의 우선 지원 등을 통해 보호한 것이 그것이다. 이는 비대한 재벌기업과 영세한 중소기업이 대등하게 경쟁할 수 없다는 나름 합리적 논리가 있지만, 경쟁 정책이 기업의 개별 행위에 대한 사후 감시보다 기업규모를 기준으로 대기업은 규제하고 중소기업은 보호하는 사전 규제의 형태를 따다 보니 '잘하는 기업은 억제하고 잘 못하는 기업은 지원'하는 의도치 않은 부작용이 생겼다는 점은 부인하기 어렵다. 요약하면 현 거버넌스의 공적제도는 강자는 감시하고, 약자는 보호하는 규제가 핵심이다.

2) 기업지배구조의 투명성 제고

외환위기 직후 단행된 경제개혁은 ① 공공부문, ② 노동시장, ③ 금융시장, ④ 기업지배구조의 4대 부문에 집중되었다. 이 중 기업지배구조의 개혁은 기업경영의 투명성 제고를 목표로 했다. 일정 규모 이상의 기업에 대해 사외이사를 선임하고 감사위원회를 두도록 한 것은 기업 총수의 비대한 권력을 견제함으로써 기업의 책임경영을 유도하려는 것이었고, 그런 점에서 기업경영의 투명성을 높이는 제도적 장치라 할 수 있다. 이 밖에 계열기업을 한데 묶어 연결재무제표를 공개하도록 한 조치나 우리나라의 회계기준을 국제기준에 맞도록 수정한 것도 기업 투명성을 높이는 제도적 장치라 하겠다.

기업의 대외관계에서도 투명성을 높이는 조치들이 많이 도입되었다. 예를 들면 관급공사에서 전문성이 요구되어 수의계약의 필요성이 높은 경우를 제외하고는 가급적 공개입찰을 하도록 한 것이나 대학의 강사를 모집할 때 사적인 연을 기반으로 한 밀실 채용을 막고자 공모 절차를 거치도록 한 것이 대표적인 사례들이다. 다만 이 장치들은 대부분 법규로 강제되는 것이어서 경제력 집중 완화 조치와 마찬가지로 규제가 본질이라 하겠다.

3) 성과 중시 인사제도

외환위기 이전만 해도 종신 고용과 연공서열제가 기업의 인사 원칙이었다. 아무리 능력이 출중해도 한 해 먼저 입사한 선배를 제치고 승진 사다리를 타기란 쉽지 않았다. 선후배 간 위계가 엄격하다 보니 집단 활동도 자신의 정체성을 지키고 심리적 안정을 주는 역할에 머물렀다. 이러한 인사 원칙은 능력에 따른 역할 배분 원칙에 어긋나지만 지나친 개인플레이를 억제해 조직 구성원 간 협력을 도모함으로써 조직 전체의 생산성을 높이는 순기능이 있었다.

그러나 외환위기를 계기로 연공서열제는 유지가 어려워졌다. 우선 경제 전반의 위기 상황에서 기업들은 생존을 위해 많은 수의 종업원들을 해고할 수밖에 없었는데 이는 종신 고용의 종말을 의미할 뿐 아니라 연공서열제의 종언을 예고하는 것이기도 했다. 누굴 해고하고 누굴 계속 고용할지를 정함에 있어 회사의 생존 가능성을 높이려면 아무래도 회사에 대한 기여 가능성, 즉 개인의 능력을 우선시할 수밖에 없었기 때문이다. 더욱이 외환위기의 원인으로 정실자본주의가 지목된 만큼 기업경영의 공정성과 투명성을 높이기 위해 능력 중시의 인사 관행을 정착시킬 필요성도 그 어느 때보다 높았다.

3. 고도성장기 거버넌스와 현 거버넌스의 비교

앞에서는 외환위기 이후의 공적제도 변화를 경제력 집중 완화를 위한 규제, 투명성 제고를 위한 규제, 조직 내 성과주의 확산 등의 세 가지로 정리했다. 이를 토대로 〈표 2-1〉에서 현재의 거버넌스를 고도성장기의 거버넌스

표 2-1 **고도성장기 거버넌스와 현 거버넌스의 비교**

	고도 성장기	현재
시대가치	성장 (결과 중시)	**공정** **(과정 중시)**
공적제도	지원 (강자 우대)	**규제** **(강사 규제, 약자 보호)**
권력거리	위계질서	위계질서
	권위주의	**정당성, 책임성**
집단주의	연고문화	연고문화
	집단 행사	집단 행사
	연공서열	**성과주의**

와 비교했다. 우선 시대가치가 '성장'에서 '공정'으로 바뀌었다. 기회균등과 정당한 재산권 행사 보장이 우선시됨에 따라 결과보다 과정이 중시되고 경쟁과 투명성이 강조되는 여건이 조성되었다. 공적제도도 새로운 시대가치를 반영해 강자를 우대하는 차별 지원 체제에서 공정하고 투명한 경쟁이 가능하도록 감시하는 규제 체제로 바뀌었다. 사회문화에서는 개발연대의 권위주의가 퇴색하고 투명성 강화 차원에서 의사결정의 정당성과 책임성이 강조되었고, 능력에 따른 차별화를 의미하는 성과주의가 개발연대의 집단주의적 연공서열제를 대신하게 되었다.

제3장

공적제도와 비공식제도의 부조화

1. 부조화의 징후들

비공식제도의 변화를 수반하지 않은 상태에서 공적제도만 바뀌면서 공적제도와 비공식제도 간 부조화 문제가 불거졌고, 그 결과 경제와 사회 곳곳에서 부조화의 징후가 나타났다.

1) 날로 하락하는 경제의 역동성

경제력 집중 완화는 외환위기 이후 일관된 정책목표였다. '기울어진 운동장'을 바로잡지 않고서는 혁신적 기술이나 아이디어만으로 중소기업이 대기업과 대등하게 경쟁할 수 없을 것이라는 판단하에 대기업은 규제하고 중소기업은 보호하는 정책기조가 오랜 기간 이어져 왔다. 그러나 외환위기 이후

30여 년이 흐른 현 상황에 비춰볼 때 그간의 경제력 집중 완화 정책이 소기의 성과를 거두지는 못한 것으로 판단된다.

여러 연구 결과를 종합해 보면 대기업 전체 매출액이 기업 전체의 매출액에서 차지하는 비중이나 품목별 상위 3대 기업이 차지하는 시장점유율 모두 외환위기 이후 큰 변화가 없었다(김주훈, 2012). 이는 경제 전체적으로 산업집중도가 심화하지 않았음을 의미하는 것으로 지난 30여 년간의 경제력 집중 억제 정책이 최소한의 역할을 한 것으로 평가할 수 있다. 그러나 중소기업이 중견기업으로, 중견기업이 대기업으로 성장하는 경제의 역동성(economic dynamism)이 다른 선진국에 비해 매우 낮은 데다 그마저도 갈수록 하락하는 추세를 보이는 점을 고려할 때 경제력 집중 억제 정책의 한계는 분명해 보인다(이정익·조동애, 2017). 경제력 집중 억제의 본래 취지가 단순히 중소기업 보호에 있다기보다 규모와 관계없이 모든 기업이 대등하게 경쟁할 수 있는 여건을 조성하는 데 있고, 대등한 경쟁 여건이 조성되었다면 기업의 진입, 성장 및 퇴출의 역동성이 활발해져 있어야 한다는 점에서 그렇다.

그렇다면 경제 전체의 산업집중도가 크게 변하지 않은 상태에서 경제의 역동성이 저조한 현상은 무엇을 의미하는가? 매년 많은 중소기업이 새로 시장에 진입하지만 많은 수의 기업이 경쟁력을 상실해 퇴출되고 운 좋게 살아남더라도 대부분 성장을 멈추고 있음을 시사한다고 하겠다. 대기업과 중소기업이 하나의 통합된 생태계를 형성하기보다 각자가 별도의 생태계를 형성한 상태에서 기업의 진입과 퇴출 현상이 중소기업 부문에 집중되고 있다. 더욱이 최근에는 극도의 경기 부진을 배경으로 신규 기업의 진입이 저조한 가운데 차입 이자도 지불할 수 없을 정도로 영업실적이 크게 악화된 좀비기업이 퇴출되지 않고 시장에 남아 자원배분의 효율을 떨어뜨리고 있다. 물론 경제의 역동성 저하가 구조적 요인뿐 아니라 경기의 영향을 받기도 하지만, 결과를 놓고 볼 때 그간의 경제력 집중 억제 정책이 경쟁 활성화라는 당초의 목표를 달성하지 못한 것으로 해석할 수 있다.

2) 대통령도 없애지 못하는 규제

경제협력개발기구(OECD)는 우리나라의 상품시장 규제 강도가 2018년 기준으로 34개 회원국 중 5번째로 강하다고 평가하면서 낮은 노동생산성과 함께 시장에 대한 과다한 규제가 성장잠재력을 제약하는 주된 요인이라고 지목했다(《이데일리》, 2019년 10월 13일 자). 한국경제의 과다 규제 문제는 OECD의 지적이 있기 전부터 역대 정권이 중점적으로 해결해야 할 과제였다. 김대중 정부가 국제통화기금(IMF)의 권고에 따라 규제개혁위원회를 설치한 바 있고, 이명박 정부는 "규제의 전봇대를 뽑겠다"라고 선언한 후 집권 초부터 국가경쟁력 강화위원회를 통해 각종 규제 손질에 심혈을 기울였으며 박근혜 정부도 "손톱 밑 가시 뽑기"라는 구호를 내걸고 규제비용총량제를 도입하는 등 규제 감축에 총력을 기울인 바 있다. 이러한 정책기조가 문재인 정부에서도 이어졌음은 물론이다.

그러나 정부의 의도와는 달리 규제 건수는 매년 늘어나 2001년 7000여 건에서 2015년에는 1만 5000여 건으로 불과 15년 만에 배로 늘어났고,[1] 문재인 정부가 야심 차게 추진한 '규제샌드박스'[2]도 까다로운 승인 조건과 담당 부처의 소극적인 태도 등으로 제도 도입 후 2년여가 지난 2019년 11월 말 기

---

1) 등록 규제 건수의 공식 집계는 2015년이 마지막이다.
2) 2018년 1월 도입되었는데 새로운 제품이나 서비스에 대해 일정 기간 규제를 면제하거나 유예해 주는 것을 주요 내용으로 한다.

준으로 승인 건수가 180건에 불과할 정도로 소기의 성과를 거두지 못하고 있다(≪한국경제≫, 2019년 11월 29일 자). 그 결과 규제는 어느 누구도 고치지 못하는 우리 경제의 만성질환이 된 느낌이 든다. 최고 의사결정권자인 대통령조차 이러한 현실에 대해 답답함을 토로할 정도이니 더 이상 무슨 말을 할 수 있겠는가?(≪문화일보≫, 2018년 8월 8일 자)

3) 여전히 불투명한 경제

국제투명성기구(Transparency International)가 매년 발표하는 국가별 부패인식지수에 따르면 한국은 2018년 기준으로 조사 대상 180개국 중 45위를 기록했다. 스위스 국제경영개발대학원(International Institute for Management Development: IMD)의 회계감사 투명성 평가에서도 한국은 같은 해 기준으로 조사 대상 63개국 중 62위라는 처참한 기록을 남겼다. 외환위기 이후 투명성 제고가 경제개혁의 화두였음에도, 한국은 투명성 평가에서 여전히 후진국을 면치 못하고 있다.

민주화와 강화된 감시 탓에 예전에 비해 노골적 직권남용은 많이 줄었으나 권력형 비리에서 자유로운 정권이 없었고, 공직 배분이나 자녀 채용과 같은 이권을 두고 벌어지는 엘리트 집단 간의 은밀한 카르텔형 비리도 여전하다. 회계규정 자체는 선진국 수준을 많이 따라잡았으나 회계 처리나 외부감사가 규정대로 이뤄지지 않는 경우가 많아 제도와 관행의 불일치에 따른 회계 정보의 불투명성은 여전히 해결되지 않은 상태에 있다.

4) 사라진 현장 그리고 갑질·미투 논란

2017년과 2018년은 유독 사건·사고가 많은 해였다. 세월호 사고(2014년 4월)와 메르스 사태(2015년 5월)의 충격이 채 가시지 않은 상황에서 살충제 계란 파동(2017년 8월), 제천 화재 사고(2017년 12월), 상도동 어린이집 붕괴 사고(2018년 9월) 등 안전사고가 연이어 터졌다. 사고 원인이 안전 규정 미준수에 있는 만큼 성격상 자연재해가 아닌 인재성(人災性) 사고였고, 현장에서 사고 예방이 제대로 이루어지지 않고 있다는 상징적 의미도 담고 있었다.

이 시기에는 갑질 논란과 미투 운동도 집중되었다. 남양유업의 상품 강매 사건(2013년 5월)과 '땅콩회항' 사건(2014년 12월) 이후 한동안 잠잠했던 갑질에 대한 국민 분노가 미스터피자 회장의 갑질 논란(2017년 6월)과 대한항공 물컵 투척 사건(2018년 3월)을 계기로 다시 수면 위로 떠올랐다. 우연인지 몰라도 수직적 남성문화 속에서 숨죽이며 지낸 여성들이 남성 상사의 부당한 갑질행위에 분연히 항거하는 미투운동이 정치권, 문화계 및 교육계를 중심으로 들불처럼 퍼졌다.

인재성 안전사고와 갑질·미투는 외견상 서로 아무런 관련이 없는 이질적 사건·사고로 보이지만, 내면을 보면 우리나라의 수직적 조직문화와 밀접하게 관련이 있다.

5) 숨 막히는 각자도생 사회

오늘날의 한국 사회를 상징하는 단어는 무엇일까? '헬조선'이 그중 하나가 아닐까 싶다. 1인당 국민소득이 3만 불을 넘겼지만 국민의 행복감은 좀처럼 나아지지 않고 있다. 한국의 자살률이 OECD 회원국 중 1위인 것이 이를 대변한다. 경제성장에도 불구하고 삶의 질이 높지 않다 보니 '헬조선'이 어느 덧 피할 수 없는 숙명으로 한국인의 의식 저변에 깊이 자리 잡은 듯하다.

지금 한국인들은 경쟁에 지쳐 있다. 잠깐의 유년 시절을 제외하고는 평생 경쟁에 노출된다. 초등학교에 들어가서 대학에 진학하기까지 12년 세월의 의미는 오로지 대학 입학을 준비하는 데 있다. 자아 형성이나 자기만의 인생 가치 정립은 사치스러운 꿈에 불과하다. 설사 좋은 대학에 합격해도 형편이 별반 나아질 게 없다. 좁디좁은 취업 관문이 기다리고 있어 지적 탐구보다 학점경쟁에 매달려야 한다. 직장에 들어가도 사정은 마찬가지이다. 외환위 기를 계기로 종신 고용이 종언을 고했고, 성과주의 인사정책이 확산되다 보 니 승진과 보직을 놓고 조직 내 경쟁이 뜨겁기만 하다. 경쟁으로부터의 유일 한 탈출구인 은퇴노 성제적 안락함과 거리가 멀어 선뜻 내키지 않는 선택이 되었다.

2. 거버넌스의 변질과 제도적 부정합

외환위기 이후 단행된 경제개혁 조치들은 경쟁 촉진과 투명성 제고를 통 해 공정의 가치를 구현하는 게 목표였다. 외환위기가 발생한 지 30여 년이 흐른 지금의 시점에서 볼 때 외견상 목표는 달성한 것으로 보인다. 가격통제 가 해제되면서 상품 가격과 금리가 시장 수급에 따라 결정되고, 공정거래를 저해하는 불법행위에 대한 감시가 강화되었으며, 대기업과 중소기업 간의 대등한 경쟁이 가능하도록 경제력 집중 억제 정책이 추진되는 한편, 재벌총 수에 대한 견제 장치와 회계 투명성을 높이는 장치가 마련되었다.

그러나 앞서 소개한 여러 부정합 징후는 외환위기 이후의 공적제도 변화

그림 3-1 한국식 거버넌스의 변질과 부작용

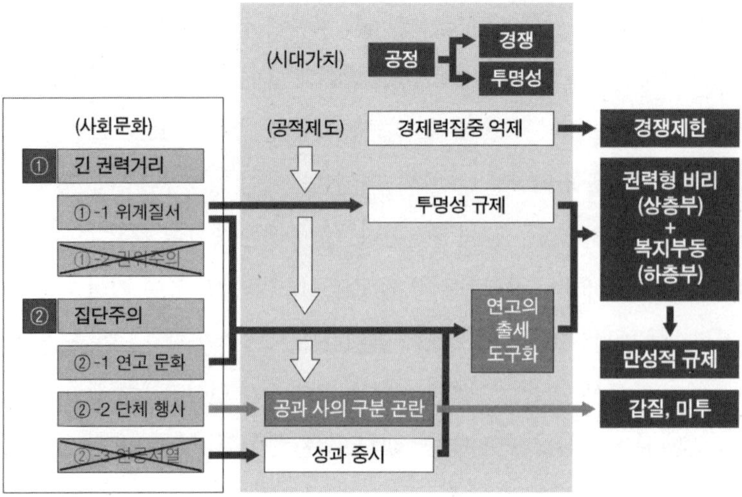

가 실질적으로 경쟁을 촉진하고 투명성을 높였는지에 대해 의문을 제기한다. 경제력 집중 억제 정책이 지속되고 있음에도 중소기업이 시장경쟁을 통해 대기업으로 성장하는 경우는 가물에 콩 나듯 한다(≪한국경제≫, 2019년 11월 10일 자). 기업경영의 투명성을 높이는 제도적 장치는 강화되었지만, 정권 실세와 기업 상층부 간 은밀한 권력형 이권 거래는 여전하고 현장을 책임지는 조직 하층부의 무사안일도 갈수록 심화되고 있다. 위계상의 상하관계나 주종적 계약관계를 악용한 갑질은 줄어들 기미를 보이지 않아 국민의 분노를 사고 있으며, 갑의 권위에 숨죽이던 을의 반격이 미투운동의 형태로 사회 전반에 퍼졌다. 능력을 중시하는 조직문화가 확산되었으나 승진과 자리 경쟁이 치열하다 보니 실력 배양 대신 눈치경쟁과 연줄경쟁이 팽배하고 조직 구성원 간 '우리' 의식도 갈수록 희미해지고 있다.

그러면 경쟁 활성화와 투명성 제고 정책이 소기의 성과를 거두지 못하고 있는 이유는 무엇인가? 〈그림 3-1〉에서는 시대가치, 공적제도와 비공식제도의 상호작용을 통해 앞서 언급한 여러 제도적 부정합 현상을 설명하고 있다.

1) 경쟁을 제한하는 경제력 집중 억제 정책

경제력 집중 억제 정책은 대등한 경쟁 여건을 조성함으로써 공정이라는 시대가치를 구현하면서도 경쟁을 활성화하려는 의도가 있다. 그러나 앞서 설명했듯이 경제력 집중 억제 정책은 경제의 역동성을 살리는 데에는 실패했다. 대기업의 경쟁제한 행위를 사후 감시를 통해 억제하기보다 규모를 기준으로 한 사전 규제 형식을 빌려 대기업은 규제하고 중소기업은 보호하는 방향으로 정책을 설계하다 보니 대기업의 혁신은 제약하고 중소기업은 온실 속 화초로 전락하는 부작용을 낳았다. 이 점이 현 거버넌스가 고도성장기의 거버넌스와 대비되는 가장 큰 차이이다. 고도성장기의 거버넌스는 기회균등을 보장하지 않아 공정과는 거리가 멀었지만, 잘하는 기업을 우대하는 데 차별의 목적이 있었던 만큼 '지원'이 본질이었다. 반면 현 거버넌스의 경우 중소기업이라는 지원 자격은 노력 없이도 얻을 수 있고 잘할수록 대기업으로 분류되어 각종 규제를 받기 때문에, 성장하길 원하는 기업에는 지원이 아니라 규제인 셈이다. 경제력 집중 억제 정책이 실패한 원인은 대등한 경쟁 환경 조성이라는 정책의 목표보다는 경제력 집중을 해소하는 방법에 있다고 하겠다. 규모를 기반으로 한 사전 규제보다 경쟁제한 행위에 대한 사후 감시가 더 나은 정책인데도 전자의 방식이 채택된 것은 아무래도 전자가 집행하기 편한 데다 재벌을 질시하는 국민 정서에도 부합하기 때문이 아니었을까 생각해 본다.[3]

2) 조직 내 경쟁의 변질

한국은 예나 지금이나 집단주의 사회이다. 그러나 지금의 집단주의와 과거의 집단주의 간에는 미묘한 차이가 있다. 고도성장기에는 개인의 안위보다 단체의 이익을 우선하는 것이 당연시되던 시기였다. 그러나 30여 년의 세월이 흐른 지금 단체의 이익을 위해 개인을 희생하려는 정신은 많이 희박해졌는데, 그 직접적인 원인은 종신 고용의 퇴조와 성과주의 인사정책에 있다. 개인 간 차별을 전제로 하는 성과주의 탓에 그동안 조직 구성원들을 한데 묶는 접착제 역할을 했던 '우리'라는 인식이 사라지고 그 빈자리를 '각자도생'의 절박감이 대신한 것이다.

그때나 지금이나 한국인의 연줄 의존성은 여전히 유별나지만 이러한 인식의 변화는 연줄 역할에도 미묘한 변화를 일으켰다. 연공서열식 종신 고용이 보편적이던 시절에 연줄은 단체의 일원으로서 느끼는 심리적 안정제 역할에 머물렀다. 고용의 안정성이 보장되고 승진도 근무 연수에 연동되던 터라 연줄이 직장 내 경쟁에 미치는 영향이 극히 제한적일 수밖에 없었다. 그러나 종신 고용이 보장되지 않고 근무 연수보다 성과가 승진과 보수를 결정함에 따라 '나부터 살아야 한다'는 심리적 압박감이 한층 커졌다. 그러나 의사결정 권한은 여전히 위계 상층부에 집중되면서 성과경쟁이 자리경쟁으로 변질되었고, 그 과정에서 연줄이 단순히 심리적 안정을 주는 제한적 기능에서 벗어나 승진 사다리를 타고 오르는 데 유용한 도구로 탈바꿈하게 된 것이다.

권력거리가 먼 조직문화도 성과 기반 인사제도와 궁합이 맞지 않았다. 권

---

3) 문헌에서는 경제력 집중 억제를 위한 사전 규제를 일반 집중 규제로, 기업의 시장제한적 행위를 사후 감시하는 규제를 시장 집중 규제로 부르고 있다.

력거리가 멀다는 것은 두 가지 의미가 있다. 승진 계단이 많다는 것이 하나요, 권력이 상층부에 집중되어 있다는 것이 다른 하나이다. 권한이 상층부에 집중되다 보니 더 많은 권한을 갖기 위한 출세 지향적 행태가 만연하고, 승진 계단이 많다 보니 상층부의 지원 없이는 승진 사다리를 한 계단 한 계단 오르는 것이 불가능해졌다. 그 결과 권력거리가 먼 조직에서 연줄이 출세에 없어서는 안 될 중요한 도구가 된 것이다.

요약하자면 집단주의적이고 권력거리가 먼 제도적 특성을 그대로 둔 상태에서 성과 기반 인사제도만 도입하다 보니 나보다 우리의 이익을 우선시하는 집단주의의 장점이 사라지고 연줄이라는 폐쇄적 관계망을 통한 자리경쟁이 심화되는 결과가 초래된 것이다. 이것이 한국 사회가 안고 있는 제도적 부정합성의 핵심이고, '헬조선'의 제도적 뿌리라 할 수 있다. 성과 기반 인사제도가 경쟁을 통한 생산성 향상이라는 소기의 성과를 거두기 위해서는 개인주의를 함양하고 권력거리를 줄이는 방향으로 조직문화를 개선해야만 했다. 그러나 외환위기 이후 한국 사회의 제도개선은 집단주의와 권위주의 조직문화를 방치한 채 조직관리의 투명성을 외부에서 강제하는 다소 소극적 대책으로 일관했고, 그 결과 헬조선의 원인을 치유하지 못하면서 또 다른 형태의 제도적 부정합성을 배태한 것이다.

3) 투명성 규제의 부작용

조직문화의 투명성에 대한 집착은 한국 사회 도처에서 발견된다. 공정성 시비를 차단하기 위해 채용 평가는 물론이고 성과평가제도에서 성과를 점수화하는 것이 대표적 예이다. 공직자의 부정부패를 막기 위해 공직자의 회식비나 경조사비에까지 양적 제한을 매길 정도이다. 이러한 양적 수치에 의존한 투명성 규제는 많은 부작용을 초래했다. 첫 번째 부작용은 형식주의의 만연이다. 성과 평가에서 일의 질보다 '건수'가 중요시되다 보니 질을 낮추고 양을 늘리는 형식적 업무가 만연했다. 그 결과 업무량은 늘었지만, 내실 있는 일이 많지 않다 보니 바쁘기만 하고 업무 만족감은 떨어지는 기현상이 벌어졌다.

두 번째 부작용은 보신주의 내지 복지부동의 만연이다. 내적인 유인을 유발하지 않은 상태에서 투명성을 외부 규제로 다스리는 것은 결과주의를 양산하기 쉽다. 복잡하면서도 급변하는 외부환경에 대처하다 보면 규정대로 일을 처리하기 어려울 때가 많다. 상황에 대한 구체적 판단을 토대로 때로는 규정을 창의적으로 해석할 필요가 있다. 규정의 창의적 해석이 필요한 업무 분야로는 은행의 대출 심사와 정부의 인허가가 대표적이다. 이 분야들에서는 상황에 맞게 규정을 적절히 해석할 필요가 있다. 그래야 자금 배분이 원활해지고 혁신이 활성화될 수 있다. 그러나 모든 일에는 위험이 있어 심사나 인허가 결과가 좋지 않으면 선의에 의한 창의적 규정 해석이 부정부패 행위로 오인될 위험이 크다. 그 결과는 보신주의와 복지부동이다. 창의적 규정 해석에 따른 잘못된 결과를 책임지지 않기 위해 규정의 취지를 살리기보다 조문대로 업무를 처리하려 하고 책임 회피라는 비난을 받지 않으려 규정을 목숨처럼 소중히 여긴다. 정부의 강력한 의지에도 규제가 줄기는커녕 늘기만 하고, 한국을 '규제공화국'이라 불러도 이상할 게 없는 원인이 여기에 있다.

이러한 부작용을 차치하더라도 투명성 규제가 부패 방지와 책임 있는 행동 유도라는 당초의 목적을 달성하는 데 기여했는가? 필자의 견해는 부정적이다. 외양은 투명해졌을지 모르지만 연줄에 기생한 은밀한 거래까지 막지는 못했기 때문에 한국 사회는 여전히 불투명하다. 부정하지만 은밀한 이권 거래는 외부인이 알기 어렵기에 외적인 강제만으로 없앨 수 없다. 권한을 행사하는 사람 스스로 비리를 자제하는 윤리 의식을 갖추고, 여기에 조직 내부의 견제가 추가되어야 은밀한 부정거래가 사라질 수 있다. 내부 견제가 비리 척결에 필수적인 이유는 아무리 은밀하게 비리를 도모하더라도 조직의 사정을 잘 아는 내부의 눈을 속이기는 어렵기 때문이다. 달리 말하면 공적인 제도를 통해 투명성을 강화하더라도 윤리 의식과 내부의 견제가 없다면 투명성은 높아질 수 없다. 한국의 투명성에 대한 외국의 평가가 여전히 박한 이유가 여기에 있다.

4) 갑질을 부르는 단체 행사

주말 야유회나 퇴근 후 팀 회식은 한국인의 조직 생활에서 결코 낯선 풍경이 아니다. 형식은 자발적 참여지만 업무의 연장으로 인식되기에 불가피한 사유를 대지 않는 한 빠지기 어려운 관행화된 단체 행사이다. 근무시간 밖에서 일어나는 이러한 단체 행사는 고용계약의 측면에서는 정당화하기 어렵다. 그렇지만 수직적·집단적 조직문화에서 결핍되기 쉬운 '인간의 온기'를 불어넣어 조직의 생산성을 높이는 기능이 있음도 부인하기 어렵다. 최소한 개발연대의 한국경제에서는 그러했다.

그러나 근무시간 밖에서 벌어지는 단체 행사는 외환위기 이후의 시대가 치인 '공정'에 위배되는 치명적인 약점이 있다. 비록 자발적 참여로 포장되지만, 사실상 업무의 연장인 관계로 조직원들의 불만이 쌓일 수밖에 없다. 상사에 대한 복종이 미덕이던 권위주의 시대에는 이러한 불만이 어느 정도 통제될 수 있었으나, '평생직장'이라는 개념이 통용되지 않는 오늘의 기업 환경에서는 수용되기 어렵다. '을'의 자의식이 당장은 아니라도 수면 밖으로 모습을 드러낼 때를 기다리며 세를 키우는 환경이 조성된 것이다.

한편 관행화된 단체 행사는 조직을 관리하는 '갑'에게 관리 대상인 '을'이 24시간 내내 명령을 내릴 수 있는 대상이라는 그릇된 인식을 심어주었다. '갑'의 '을'에 대한 권한은 분명 근무시간에 한정됨에도 이를 인지하지 못하고 언제라도 명령을 내릴 수 있는 대상이라는 시대착오적 생각을 유지하도록 한 것이다.

결국 최근 벌어진 갑을 논란과 미투 운동은 '을'의 권리의식과 '갑'의 인식 부재가 어우러져 빚은 결과이다. 일찍이 사회학자 칼 폴라니(Karl Polanyi)는 그의 명저『거대한 전환(The Great Transformation)』에서 노동을 토지, 화폐와 함께 자본주의의 3대 "허구 상품(fictitious commodity)"으로 정의한 바 있다. 이는 사람이 생계를 위해 노동을 상품화하지만 인격이나 생명까지 상품화한 것이 아니라는 점을 강조한 것이다. 폴라니의 논점을 빌리자면 노동을 허구 상품이 아닌 진성 상품으로 오인한 갑의 인식 부재가 '갑을관계'의 원인이다. 그리고 그 이면에는 권위주의 시대의 잔재인 수직적 문화가 있다고 하겠다.

3. 제도적 부정합성과 저성장

필자는 한국경제의 저성장 문제가 거버넌스의 변질과 그로 인한 제도적 부정합성에서 기인한다고 진단한다. 앞서 한국의 거버넌스가 변질되었고 그 결과 제도적 정합성이 흐트러졌다고 설명했다. 따라서 저성장 문제에 대한 진단이 완성되려면 제도적 부정합성이 저성장과 어떻게 연결되는지가 밝혀져야 한다. 현 거버넌스의 문제점을 저성장 문제와 관련해 간단히 정리하면 "경쟁이 필요한 곳에 경쟁이 없었고 협력이 필요한 곳에 협력이 없었던 것이 현 거버넌스가 안고 있는 문제의 핵심"이라는 것이다.

1) 경쟁이 필요한 곳에 경쟁이 없다

규제는 기업인들의 가장 큰 불만이지만, 대통령조차 없애지 못하는 것이다. 모든 규제가 다 나쁜 것이 아니라 경쟁을 제한하는 규제가 너무 많은 게 문제이다. 그리고 그 원인은 경쟁 문제를 경제력 집중 억제의 시각에서 접근한 데 있다. 대등한 경쟁 여건을 조성한다는 취지는 좋았으나 대기업은 규제하고 중소기업은 보호하는 정책이 지속되다 보니 경쟁 정책의 성격이 지원에서 규제로 변질되었다. '육성'보다 '보호'에 초점을 맞춘 중소기업 정책은 경쟁력 없는 온실 속의 화초를 양산했고, 경제력 집중 억제에 초점을 맞춘 대기업 규제는 기업의 혁신을 방해하고 성장 의욕을 떨어뜨렸다. 그 결과는 기업생태계의 역동성 저하와 경제 전반의 생산성 향상 둔화이다.

2) 협력이 필요한 곳에 협력이 없다

우리나라의 조직문화는 위계질서와 집단주의를 특징으로 한다. 이러한 조직문화는 의사결정과정이 불투명하고 조직 구성원 개개인의 창의를 억제하는 단점이 있다. 외환위기 이후 의사결정의 투명성과 능력 중시 인사 원칙이 강조된 이유가 여기에 있다. 그러나 조직문화를 그대로 둔 채 외형적 규제로 조직의 투명성을 높이고 경쟁을 장려하다 보니 여러 문제가 나타났다. 권한의 상부 집중과 연줄 의존적 행태가 그대로인 상태에서 조직 구성원 간 능력경쟁이 강화되다 보니 경쟁이 실력경쟁에서 눈치경쟁과 연줄경쟁으로 변질되었다. 연줄경쟁의 강화는 연줄을 승진 도구로 변질시키고 위계 상층부의 비리에 대한 조직 내부의 견제를 약화했다. 아울러 권한은 그대로인 상태에서 투명성 차원에서 업무 절차에 대한 규제가 늘고 결과 위주의 업무평가가 일반화되다 보니 소신 있게 행동하기보다 시키는 것만 형식적으로 하는 복지부동 현상이 만연했다. 그 결과 한 가족이라는 인식에 바탕을 둔 조직원 간 협력은 사라지고 살아남기 위한 각자도생의 조직문화가 자리 잡았고, 이는 조직의 생산성에 적지 않은 부담을 지웠다.

낮은 노동생산성과 과다 규제가 우리 경제의 성장잠재력을 제약하는 주된 요인임은 경제학자 대부분이 동의하는 바이지만, 정작 우리 경제의 노동생산성이 왜 낮은지와 경쟁제한적 규제가 왜 해소되지 않고 있는지에 대한 속 시원한 설명은 아직 없는 실정이다. 이상의 논의는 경쟁과 투명성을 강조하는 공적제도와 수직적·집단주의적 조직문화 간 부정합성이야말로 낮은 생산성과 과다 규제의 원인임을 가리키고 있다고 하겠다.

제4장

불신맞춤형 거버넌스

1. 불신의 그림자

한국경제가 당면한 저성장 문제의 핵심은 경쟁이 필요한 곳에 경쟁이 없고, 협력이 필요한 곳에 협력이 없다는 것이다. 그러면 그 원인은 어디에 있는가? 경쟁이 공정해야 함은 당연하지만 그렇다고 경제적 강자를 억제하고 경제적 약자를 보호하는 것이 유일한 해결책이었을까? 아무리 투명성이 거스를 수 없는 시대적 흐름이라 하더라도 관행의 문제에까지 공권력이 개입해야 했을까? 이런 질문들을 던지다 보면 우리는 어느새 한국 사회에 만연한 불신의 문제에 직면한다.

'세계가치관조사(World Values Survey)'에 따르면 한국 사회의 신뢰수준은 선진국에 비해 많이 낮다. "대부분의 사람을 믿을 수 있다고 생각하는가?"라는 질문에 긍정적으로 대답한 사람의 비율이 1980년의 38.0%에서 2000년

에 27.3%로 낮아진 후 최근 조사인 2010년 조사에서는 26.5%로 더욱 하락
했는데, 이는 OECD 평균(36.0%)에 못 미치는 수준으로 OECD 회원국 중 23위
에 불과한 실정이다.[1] 반면 가족에 대한 신뢰도는 97.7%로 매우 높아 생면
부지의 사람에 대한 신뢰도(19.0%)와의 격차가 78.7%에 달할 정도이다. 이
는 한국인의 신뢰 반경(radius of trust)이 가족이라는 일차적 관계에 국한되
어 매우 좁다는 것을 의미한다.

이러한 신뢰 부족 현상은 한국 사회 도처에서 다양한 형태로 나타나고 있
다. 우선 한국인은 분쟁을 당사자 간 합의로 해결하기보다는 공권력에 의존
하는 경향이 강하다. 이를 반영해 고소·고발 건수는 매년 42만 건이 발생했
는데(2006~2010년 평균), 이는 인구 1만 명당 113건으로, 같은 시기의 일본
(1.3건)에 비하면 무려 80배에 달한다(김태완, 2013). 불신은 사적 영역에 머물
지 않고 공적 영역에도 이어져 2019년 기준으로 사법부에 대한 신뢰도는
OECD 회원국 중 꼴찌이고, 정부에 대한 신뢰도도 중하위권인 22위에 불과
하다. 그 결과 우리나라 국민이 느끼는 삶의 만족도가 OECD 회원국 중 8번
째로 낮고, 심지어 우리보다 소득이 적은 OECD 비회원국보다도 낮다. 이러
한 결과는 상대방이나 공적 기구를 믿지 못하는 사람이 행복을 느낄 수 없다
는 경험칙에 부합한다 하겠다.

한국인의 상호 불신 경향은 경제구조에도 그대로 투영되고 있다. 우선 신
뢰 부족은 동업 기피 현상으로 나타나고 있다. 우리나라의 치킨집 개수가 세

---

[1]   2020년 7월 22일 발표된 세계가치관조사에 따르면 한국인의 대인 신뢰도는 2018년 현
       재 32.9%로 2010년의 26.5%에 비해 다소 상승했지만, 30개 OECD 회원국 평균
       37.9%에 비해서는 여전히 낮은 수준이다. 아울러 이번 통계 수정이 전체 조사 대상 국
       가(100여 개국) 중 일부인 77개국만을 대상으로 하고 있어 한국인 대인 신뢰도의 정확
       한 국제 비교는 아직 불가능한 실정이다.

계 도처에 산재한 맥도날드 햄버거 매장의 개수보다 많아 '치킨공화국'이라는 자조적 용어가 회자될 정도이다. 그만큼 우리나라는 영세자영업자가 많다. 사업체의 경우에도 2018년 기준으로 종업원 4인 이하의 영세업체가 전체 사업체의 79.8%를 차지한다. 법인 사업체의 조직 형태를 보더라도 동업 회사인 합명·합자·유한회사의 비중이 5%에 불과하여 고신뢰 사회인 독일의 동업회사 비중(99.7%)과 극명한 대조를 보인다(조덕희, 2013). 이와 같은 동업 기피 현상은 합자를 통해 규모의 경제를 누릴 기회를 놓치게 함으로써 기업 전반의 생산성을 떨어뜨리는 부작용을 낳고 있다.

둘째, '강한 고용 보호'와 '약한 실업 보호'로 대변되는 우리나라 노동시장의 구조적 특징도 서로를 믿지 못하는 한국인의 정서를 반영한다. 우리나라 노사관계는 스위스 국제경영개발대학원이 조사 대상으로 삼은 63개국 중 62위로 낮게 평가될 정도로 매우 적대적이다. 경영진은 노동자들이 회사 사정을 외면한 채 과도한 임금인상을 요구한다고 불만을 토로하는 반면, 노동자들은 법적 보호가 없으면 경영진들이 부당 해고를 일삼을 것이라 믿고 있다. 그래서 노동시장 유연성 제고가 노동시장 정책의 최우선 과제로 오랜 기간 지목되어 왔음에도[2] 경영진의 부당 해고를 의심하는 노동자 계층의 강한 반대에 부딪혀 실현되지 못하고 있다. 한편 실업 보호를 포함하는 모든 형태의 복지후생 지출은 부당 수혜 등 무임승차(free rider) 문제를 안고 있어서 신뢰가 낮은 국가일수록 국민의 동의를 얻기 어려워 늘리기가 쉽지 않다. 이상의 논의를 종합하면 국민의 상호 신뢰가 낮은 국가일수록 고용 보호는 강한 반면 실업 보호는 약할 것으로 추정된다. 이는 국내외의 여러 실증연구를 통해

---

[2]   OECD 등 국제기구는 물론 학계는 '노동시장의 유연성, 관대한 실업보험 및 적극적인 취업 훈련'을 결합한 'flexicurity' 도입을 권고한 바 있다.

입증되었으며, 강한 고용 보호와 낮은 실업 보호를 특징으로 하는 우리나라 노동시장의 구조적 특징이 저신뢰에서 기인한다는 결과가 보고된 바 있다.[3]

셋째, 기업의 계열화 현상이나 가족 중심의 권위적 기업경영도 우리 사회에 만연한 신뢰 부족 문제와 관련된다. 홍원탁(Hong, 2000)에 따르면 상거래 경험이 일천하고 현대적 기업경영에 필요한 교육을 받은 기업가군이 많지 않았던 개발연대 초기의 경제 상황과 상호 신뢰가 부족한 한국경제의 상황이 거대 재벌의 출현과 가족 중심의 권위적 기업경영으로 연결되었다고 진단한 바 있다. 가족 위주로 구성된 경영진과 기업 총수에 집중된 권한을 통해 타협이나 설득의 거추장스러운 절차를 생략할 수 있었고, 계열화를 통해 기업 간 관계를 내부화함으로써 협상이 필요한 외주를 회피할 수 있었던 것이다. 이 모든 것은 우리 사회에 만연한 신뢰 부족과 관련된 것이라 하겠다.

넷째, 내부 계열화가 불가능하여 외주가 불가피한 경우에도 종속적 하청 관계를 통해 신뢰 부족 문제를 극복했다. 우리나라의 대기업과 중소기업 간 관계는 비시장적 네트워크 형태인 일본식 하청 관계를 모태로 하지만, 신뢰를 바탕으로 장기 관계를 유지하는 일본과 달리 위계에 바탕을 둔 종속 관계에 기반을 두고 있어 대기업과 중소기업 간 동반성장 기반이 취약하다. 물론 '독점규제 및 공정거래에 관한 법률'(공정거래법) 등의 정비로 원청 대기업의 기회주의적 행동을 법적으로 제약하고 있지만, 대기업의 불공정거래에 대한 중소기업의 불만은 여전한 실정이다(중소기업중앙회, 2017).

---

3) 관련 국내외 연구는 많지만 이 문제에 관한 관심이 있는 독자들은 알간·카훅(Algan and Cahuc, 2009)과 정무권(Chung, 2008)을 참고하기 바란다.

2. 공정과 불신의 부조화

한국의 현 거버넌스가 시장경제를 지향한다는 점에서 그 핵심 가치는 '공정'이다. 시장경제에서 공정은 너와 나를 포함한 경제 구성원 모두가 '선택의 자유'를 누릴 때 실현된다. 경제 구성원 모두에게 경제적 자유를 누릴 권리에 더해 타인의 경제적 자유를 침해하지 않을 책임을 요구하는 이유가 여기에 있다. 개인의 자유와 사회적 책임의 조화를 위해 고안된 민주적 기제가 경쟁과 투명성이다. 경쟁은 누구나 하고 싶은 일을 할 수 있도록 기회를 보장하는 민주적 기제이고, 투명성은 경제행위의 책임성을 유도하는 장치라는 점에서 그렇다. 그러나 인간은 누구나 자신의 안위를 우선시하기 마련이어서 자유와 책임의 조화는 어느 사회나 쉽지 않은 문제이다. 경쟁과 투명성을 강조하더라도 자칫 잘못하면 개인적 자유나 사회적 책임 중 어느 하나가 다른 하나를 압도해 공정의 가치가 구현되지 않을 수 있다.

시장경제의 핵심 가치인 공정은 '자유'가 본질이지만, 사회적 책임도 필요하기에 어느 정도 규제의 성격이 있다. 선진적 시장 제도는 행위자에 대한 불신의 최대치를 상정하고 다스리도록 설계된다는 점에서 불신의 제도화(institutionalization of distrust)가 핵심이다. 그러나 불신의 대상이 사람보다 행위에 있고 불신의 취지도 행위의 금지보다 행위의 예방을 통한 공정거래 질서 확립에 있기에 시장경제에서 규제는 어디까지나 경제 활동의 자유를 위한 수단에 불과하다. 따라서 시장 제도의 외양은 규제의 모습이 있지만, 본질은 어디까지나 자유에 있다.

반면 한국의 공적제도는 공정의 가치 아래 외형상 '자유'를 표방하지만, 실상은 규제 자체가 목적인 경우가 많다. '불신맞춤형' 구조이기에 배신의 통제가 최우선 목표이고, 경제적 자유는 사회적 책임이라는 대의를 위해 필요하다면 얼마든지 희생될 수 있는 부차적 문제로 홀대하기 일쑤이다. 이것이 한국식 거버넌스가 안고 있는 내적 모순의 실체이다. 달리 말하면 공정이 내포하는 두 가지 행동 원칙, 즉 개인적 차원의 '자유'와 사회적 차원의 '책임'이 서로 조화되기보다 모순적 갈등 관계를 형성할 수밖에 없었던 것이 한국식 거버넌스가 안고 있는 문제의 핵심이다.

한국과 같은 불신 사회에서는 사회적 책임이 개인의 자유를 압도할 가능성이 매우 크다. 불신 사회일수록 자신의 정당한 권리인 경제적 자유를 타인이 침해하지 않을 것이라는 믿음이 사회 구성원들 사이에 공유되지 않기에 타인의 권리를 무시한 채 자신의 이익만을 따지는 기회주의적 행위가 팽배하기 쉽고, 이에 대응해 사회적 책임을 요구하는 목소리가 늘어나 개인의 자유를 옹호하는 주장을 압도하는 결과를 낳기 쉽다. 그렇기에 불신 사회에서는 공정의 가치가 강조되면 될수록 개인의 자유를 제한하는 규제가 늘어나 공정의 가치가 오히려 훼손되는 기현상이 나타난다. 한국이 딱 그런 경우이다. 몇 가지 사례를 들어보자.

1) 경제적 강자에 대한 불신과 획일적 규제

타인의 정당한 권리를 침해하는 행위는 누가 하겠는가? 아무래도 소비자 인지도나 시장점유율이 높은 대기업과 규정제정권이나 인허가권을 가진 공무원처럼 이른바 힘센 자일 개연성이 높다. 행위의 책임성을 담보하는 각종 규제가 대기업과 공무원들에게 집중되는 이유이다. 대기업에 부과되는 규제나 공무원에 요구되는 행동준칙은 행동의 오남용을 예방함으로써 힘 있는 자의 책임 있는 행위를 도모한다는 나름의 좋은 취지가 있다. 문제는 행위의 책임성을 유도하는 과정에서 경제적 강자의 재량권을 필요 이상으로 제약하는 것이다.

대기업에 부과되는 각종 규제는 경제력 집중의 억제가 최종 목적이 아니다. 오히려 경쟁을 방해하거나 부당한 이득을 얻고자 우월한 경제력을 악용하지 못하도록 하는 것이 목표라는 점에서 경제력 집중 억제는 대등한 경쟁 환경 조성을 위한 도구로서 기능한다. 따라서 정책의 최종 목적을 고려한다면 부당행위에 대한 사후 감시가 기업의 경영자율권을 침해할 가능성이 큰 사전 규제보다 나은 정책적 선택이다. 그러함에도 사후 감시 대신 사전 규제가 주된 정책 수단이 된 이유는 무엇인가? 두 가지 이유가 작용한 것으로 보인다.

우선 사후 감시는 집행이 번거로울 뿐 아니라 정책의 실효성 또한 낮기 때문이다. 총량 지표에 의존하는 사전 규제와는 달리 사후 감시는 기업의 개별 행위에 대한 세밀한 조사와 판단이 필요해 집행이 번거로울 뿐 아니라 우리나라처럼 기업경영의 투명성이 낮은 경우 기업의 부당행위를 회계 정보만으로 적발하기가 쉽지 않아 실효성이 낮은 단점이 있었다.

그러나 좀 더 근본적인 이유는 경제적 강자에 대한 사회적 불신이다. 경제적 강자에 대한 사회적 불신은 정치권력과 경제권력 간 부정한 공생관계인 정경유착과 밀접하게 관련되어 있다. 재벌로 상징되는 대기업은 개발연대의 고도성장을 주도한 공이 있으나 정경유착을 통해 각종 특혜를 독점해 온 어두운 과거도 있다. 재벌에 대한 규제가 본격화된 1980년대는 정치민주화를 배경으로 개발연대의 폐단인 정경유착을 근절하라는 국민적 요구가 거셌던 시기이다. 따라서 정부로서는 어떤 형태로든 대기업에 대한 규제 의지를 과시할 필요가 있었다. 규제로 인한 기업의 경영 자율성 침해는 어디까지나 부차적인 문제에 불과했다. 사전적 규제는 누구나 관찰 가능한 총량 지표에 의존한다는 점에서 정부의 노력을 홍보하기에 적합했던 반면, 사후 감시는 경영 간섭의 부작용은 작았으나 개별 사안에 대한 전문적·기술적 판단을 포함하고 있어 홍보 효과가 크지 않았다. 경제력 집중 억제가 사전 규제의 형태를 띤 주된 이유는 사회적 불신이 초래한 정치적 제약에 있다고 하겠다.

공무원에게 부과되는 업무감사나 윤리 준칙도 업무처리 과정에서의 비리 예방이 주된 목적이지만, 외부 감시가 없으면 공직자는 부패한다는 인식을 전제로 하고 있기 때문에 불신에 기초하기는 마찬가지이다. 그러나 사람의 깊은 속내를 읽기 어렵거니와 행동 배경을 일일이 따져 묻기도 번거롭기에 결과 위주의 획일적 감시가 일반화될 수밖에 없었다. 그러나 그로 인해 공무원들은 창의적이고 소신 있는 권한 행사를 꺼렸고, 업무처리 결과가 좋지 않을 경우 처벌을 받지 않기 위한 자기방어 목적으로 규정을 목숨처럼 여기게 되었다. 그리고 그 결과는 공공서비스의 질적 저하와 규제의 만성화였다.

2) 불신과 폐쇄적 집단주의

외환위기 이후 투명성은 우리 사회의 최고 화두였다. 국정 운영은 물론이고 한국인의 사회생활 곳곳에 영향을 미치지 않은 곳이 없을 정도이다. 그러나 지금까지의 결과는 자못 실망스럽다. 기업지배구조 개선, 공직자 윤리 준칙 강화, 성과주의 인사제도의 확산 등 투명성을 높이는 방향으로 제도가 꾸준히 보강되어 왔지만, 우리 경제는 여전히 불투명하다.

앞에서 설명한 대로 수직적이고 집단주의적인 한국의 조직문화는 분명 투명성 제고의 최대 걸림돌이다. 공유하는 가치가 무엇인지를 따지기보다 고향이나 출신 학교 등 배타적 연줄을 중시하는 한국인의 집단의식은 보편적이고 투명한 사회 법규가 통용되기 어려운 환경을 조성한다. 여기에 위계에 바탕을 둔 수직적 조직문화가 가세하면서 연줄을 매개로 출세와 충성이 맞교환되는 '폐쇄적 후원자-고객 관계(patron-client relationship)'가 형성되었다. 이러한 폐쇄적 위계 집단을 파벌이라 부르는데 파벌의 출현은 불안정한 사회에서 흔히 관찰되는 집단화 현상이다. 그런 점에서 연줄을 매개로 한 집단화 현상 또한 서로 믿지 못하는 한국인의 정서와 밀접한 관련이 있다.

한국인에게 파벌은 결코 낯선 게 아니다. 멀리 조선시대의 사색당파는 물론이고 오늘날의 정당들도 사실상 파벌에 가깝다. 우리나라의 정당이 겉으로는 이념적 가치를 표방하지만, 실상은 특정 인물과 그를 추종하는 가신 그룹으로 구성된 이익집단임은 누구도 부인하기 어렵다. 파벌은 정치에만 국한되는 것이 아니어서 규모가 웬만큼 큰 조직이라면 어김없이 특정 권력자와 지연, 학연 등 온갖 인연으로 엮인 추종자로 구성된 여러 계파가 존재하기 마련이다. 그리고 이 계파들은 영향력 제고를 위해 끊임없이 경쟁하는데 그로 인해 승진이나 보직을 둘러싼 개인 간 경쟁이 계파 간 갈등으로 쉽게 변질된다. 그 결과 어느 계파에 속하지 않고서는 성공적인 이력을 쌓을 수 없는 상황에 곧잘 부딪힌다. 그만큼 한국은 폐쇄적 집단화 경향이 강한 사회이고, 그 이면에는 한국인의 불안심리가 자리 잡고 있다.

3. 불신, 공적제도와 비공식제도의 상호작용

외환위기 이후 추진된 제도 개혁 조치들은 공적제도의 변화가 당장은 아니더라도 궁극적으로 비공식제도의 변화를 이끌어 명실상부한 공정 사회로 인도할 것이라는 기대를 바탕에 깔고 있다. 관행은 당장 바뀔 수 없는 만큼, 우선 법규를 바꿔 거래의 공정성과 투명성을 계속 강제하다 보면 사람들의 인식과 습관도 이에 맞게 바뀔 수밖에 없을 것이라는 나름 타당한 계산이 숨어 있었다. 그러나 불행하게도 그 기대는 아직 현실화되지 않았다. 혹자는 제도 개혁의 숙성 기간이 아직 부족해서 그렇다고 주장할 수도 있다. 그러나 충분한 시간이 주어지더라도 공적제도의 변화가 비공식제도를 의도한 방향으로 변화시킬 가능성은 낮아 보인다. 공적제도의 변화가 우리 사회의 불신 풍조를 불식하기는커녕 증폭시키는 방향으로 작용하고 있기 때문이다.

대기업을 불신하는 국민 정서에 편승한 대기업·중소기업 정책은 대기업에 대한 과도한 규제와 중소기업에 대한 맹목적 보호로 이어져 경제력 격차의 축소라는 당초 목적을 달성하는 데 실패했다. 그 결과 대기업에 대한 국민 불신은 치유되기는커녕 오히려 심화되었고, 대기업에 대한 규제는 좀처럼 줄어들 기미를 보이지 않고 있다.

불신 풍조의 부작용은 대기업 문제에만 국한되지 않아 부동산 가격이 폭등할 때면 수급 조절 대책 없이 시장규제의 고삐부터 조이거나 권력형 비리가 적발되면 공직자에 대한 감시부터 강화하는 현상이 어김없이 반복되고 있다. 문제가 발생하면 시간이 걸리더라도 차분히 그 원인을 찾아 근본적이고도 종합적인 해결책을 모색하는 게 원칙이다. 겉으로 드러나는 증세에 대해 시간에 쫓기듯 허겁지겁 칸막이식 행정규제로 대응하는 대증요법이 자주 목격되는 것은 그만큼 우리 사회 전체가 규제 만능주의의 늪에 빠져 있음을 말해주고 있다.

투명성을 높이기 위한 각종 제도와 개혁도 사람과 사람 간 불신을 심화하는 방향으로 작용하기는 마찬가지였다. 복지후생이 변변치 않은 상태에서 종신 고용이 퇴조하고 조직원 간 차별을 강조하는 성과주의 인사정책이 확산되다 보니 미래에 대한 한국인의 불안감이 커질 수밖에 없었다. 그리고 이러한 한국인의 불안심리가 수직적이고 집단주의적 조직문화와 한데 어우러짐으로써 지연과 학연이라는 폐쇄적 연줄을 기반으로 한 파벌이 번창하기 쉬운 환경이 조성된 것이다.

생존이 위협받을 경우 누구나 힘센 자의 보호를 원하기 마련이다. 그래서 사회가 불안할수록 폐쇄적 파벌이 형성되기 쉽다. 일단 파벌이 여럿 조성되면 내 편인지 아닌지에 따라 다른 잣대가 적용되므로 누구에게나 공평무사한 법 적용이 어렵다. 이는 공적제도에 대한 사회적 신뢰를 떨어뜨리고 사회 구성원의 불안감을 증폭시켜 국민의 파벌 의존성을 한층 더 심화하는 악순환을 낳는다. 결국 과잉경쟁으로 촉발된 불안심리가 파벌을 조성하고 이것이 사회 구성원의 불안심리를 재차 증폭시켜 파벌 의존성을 더욱 공고하게 만드는 악순환의 고리가 완성된다. 그 결과는 법과 관행이 일치하지 않는 불투명 사회이다.

제2부

이상과 현실의 괴리

제5장

시장경제는 한국식 거버넌스의 미래

1. 한국식 거버넌스의 현주소

한국의 거버넌스는 1990년대 말을 기점으로 성장촉진형에서 시장촉진형으로 대전환을 시도했다. 이에 발맞춰 경제발전 전략도 큰 변화를 겪었음은 물론이다. 성장촉진형 거버넌스에 기반을 둔 개발연대의 발전 전략은 차별적 지원을 통한 경제성장률 제고가 목표였다면, 시장촉진형 거버넌스를 지향하는 2단계 발전 전략은 경제성장률 자체보다 공정의 기치 아래 시장 제도를 개선하는 데 역점을 두고 있다. 소득증대와 제도개선 간 시차를 둔 한국의 순차적 경제발전 전략은 일종의 불균형 발전 전략으로 선진적 시장 제도를 단기간에 육성하기 어려운 개발도상국의 현실에 부합하는 지극히 실용적인 전략이었다.

1단계 발전 전략이 "한강의 기적"으로 불릴 정도의 경이로운 성과를 거두

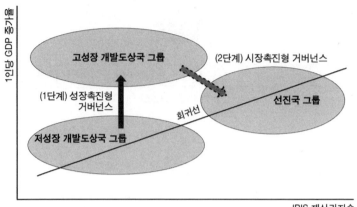

그림 5-1 한국의 순차적 발전 전략

고성장 개발도상국 그룹

(2단계) 시장촉진형 거버넌스

선진국 그룹

(1단계) 성장촉진형 거버넌스

회귀선

저성장 개발도상국 그룹

1인당 GDP 증가율

IRIS 재산권지수

자료: Khan(2008: 125)을 참조하여 작성.

었음은 주지의 사실이다. 이에 반해 2단계 발전 전략은 제도 확충이라는 외형상 목표는 어느 정도 달성했으나 날로 하락하는 경제의 역동성과 여전히 부정적인 투명성 평가가 말해주듯이 경쟁 촉진과 투명성 제고라는 내실은 아직 다져지지 않은 상태이다. 〈그림 5-1〉에서 볼 수 있듯이 첫 번째 화살은 완성되었으나 두 번째 화살은 아직 완성되지 않은 점선 형태에 머물러 있다.

과연 그 이유는 무엇인가? 외환위기 이후 제도 개혁이 부패 방지와 기업지배구조 개선에 집중된 덕에 관련 법제는 많이 확충되었다. 따라서 권력형 비리가 척결되지 않는 것이나 기업경영이 여전히 불투명한 이유가 법규의 미비 때문은 아닌 것으로 판단된다. 오히려 법과 관행의 불일치로 법은 있으나 제대로 집행되지 않은 것이 원인이라 하겠다.

그러면 법이 개선된 만큼 관행이 개선되지 않는 이유는 무엇인가? 이해를 돕기 위해 몇 가지 사례를 들어보자.

첫 번째 사례는 인사정책과 관련된다. 어느 조직이나 승진과 보직을 둘러싼 경쟁이 치열하다. 성과가 좋아 조직에 대한 기여가 많은 직원이 승진을 하거나 요직을 차지하는 것은 너무 당연하다. 그러기에 모든 조직의 내규는 예외 없이 성과에 기초한 객관적이고도 엄정한 인사를 주문하고 있다. 그러나 조직 또한 사람들로 구성된 작은 사회이기에 성과와 같은 객관적 지표 이외에 인성이나 리더십 등 인간관계에 관한 여러 정성적 지표도 고려되기 마련이다. 그런 점에서 인사 문제는 여러 변수가 복잡하게 얽혀 있는 고차방정식과 같다. 이는 성과 이외에 여러 개인적 특수 사정이 인사 문제에 개입될 수 있음을 의미한다. 연줄을 매개로 한 부당거래가 개인적 특수 사정의 탈을 쓰고 인사 문제에 개입할 수 있는 여건이 조성되는 이유이다. 연줄을 매개로 한 인사 특혜는 불법이지만 은밀하게 이뤄지기에 적발이 쉽지 않다. 따라서 그 정도가 얼마나 큰지를 정확히 알기 어렵다. 그렇더라도 연고주의가 강한 한국 사회의 현실을 고려할 때 연줄이 전혀 작용하지 않으리라 기대하는 것은 비현실적이다. 실례로 한국행정연구원이 공무원들을 대상으로 2015년에 실시한 설문조사에 따르면 학연·지연 및 정치적 연줄이 승진에 영향을 미친다고 생각한 공무원의 비율이 각각 47%와 42.7%에 달했다(≪한국경제≫, 2016년 4월 22일 자). "인사는 만사"라는 말이 있을 정도로 조직의 생사를 가르는 중요한 인사 문제에서조차 법(성과)과 관행(연줄)이 다르다는 것은 결코 가벼이 볼 수 없는 문제이다.

두 번째 사례는 한국의 조직문화에 만연한 전시행정이다. 한국인의 직장 생활은 시간과의 전쟁이라 불릴 정도로 바쁘다. 한창 바쁠 때면 화장실 갈 엄두가 나지 않을 정도이고 기한 내에 업무를 마무리하려면 야근도 불사해야 하는 경우가 많다. 바쁘다는 것 자체는 문제가 되지 않는다. 소득이 일정 수준 이상이면 어느 나라나 조직 생활은 바쁘다. 보수를 받으려면 조직이 살아야 하고 조직이 살려면 생산성을 높여야 하기 때문이다. 문제는 한국의 직장인들을 바쁘게 하는 업무의 상당 부분이 생산성과 관련 없는 '보여주기식' 업무라는 것이다. 필자가 보기에는 보여주기식 업무의 대표적인 사례는 '위원회'이다. 위원회는 칸막이식 업무처리를 지양하고 관련 부서 간 협의를 통해 의사결정의 내실을 기한다는 명분을 내걸고 있지만 실제로는 통과의례의 역할에 머무는 경우가 많다. 바쁘다는 핑계로 회의 자료를 숙지하지 않은 상태에서 회의에 참석해 발제자의 설명을 듣고 현장에서 떠오르는 즉흥적이고도 피상적인 생각을 돌아가면서 이야기하는 게 고작이다. 그러기에 토론 주제에 대한 진지한 의견 교환은 사실상 기대하기 어렵다. 여기서 드는 의문은 조직에 아무런 보탬이 되지 않는 보여주기식 업무가 많은 이유는 무엇인가이다. 가장 큰 이유는 조직 내 경쟁이 그만큼 치열하기 때문이다. 경쟁에서 살아남으려면 무언가 성과를 내야 하는데 뾰족한 해결책이 없거나 성과가 금방 나오기 어려운 경우가 많아 그게 말처럼 쉽지 않다. 이런 상황에서 곧이곧대로 업무를 처리하다가는 경쟁에서 지기 쉽다. 그래서 내실은 없지만 무언가 흔적이라도 남기려 하는 것이다. 위원회가 그런 목적에 딱 부합하는 업무 중 하나라 하겠다.

세 번째로, '해치우기식' 업무처리 관행도 문제이다. 제천 화재 사고 당시 여탕으로 연결된 비상구가 각종 장애물로 막혀 있었던 것이 인명피해를 키운 것으로 보도된 바 있다. 분명 규정상 모든 시설물은 화재에 대비해 탈출용 비상구를 갖춰야 하지만, 비상구는 문서상으로만 존재할 뿐이었음이 사후에야 밝혀졌다. 여탕에 비상구가 있는지를 확인하는 것은 영업 종료 후 점검을 통해서만 가능했으나, 이를 번거롭게 여긴 안전검사 요원이 점검을 한 것처럼 문서를 거짓으로 작성한 것이 문제의 핵심이다. 이러한 해치우기식 업무처리는 제천 화재 사고에만 국한되지 않고 세월호 사고 등 크고 작은 인재성 사고에 어김없이 등장한다. 그러면 왜 해치우기식 업무 관행이 근절되지 않는 것인가? 가장 큰 원인은 주인 의식 결여에 있다. 자신이 맡은 일에 대한 전문성이 인정되지 않는 가운데 상사의 명령에 대한 복종이 올바른 처세로 받아들여지는 상황에서 누가 주인 의식을 갖고 자신의 일에 열과 성을 다하겠는가? 직원을 자주적 인격체로 인정하지 않고 관리 대상으로 여기는 불신 사회일수록 조직원이 주인 의식을 갖기 무척 어렵다. 이런 상황에서는 아무리 제도를 개선하더라도 실질적인 업무 개선으로 연결되지 않아 '법 따로, 관행 따로' 현상이 만연하게 된다.

이상의 사례들은 법과 관행의 불일치 원인이 사회적 불신에 있음을 말하고 있다. 보편적 법 적용을 가로막는 폐쇄적 연줄 문화는 불안 사회에서 흔히 나타나는 집단주의화 경향을 반영하고 있고, 보여주기식 업무나 해치우기식 업무는 조직원을 자주적 인격체로 인정하기보다 관리 대상으로 여기는 불신의 조직문화와 관련되어 있기 때문이다.

법과 관행의 불일치는 한국의 국가경쟁력 평가에서 잘 드러난다. 세계경제포럼은 2018년 국가경쟁력 평가 방식을 대대적으로 개편하면서 설문에 의존한 정성적·주관적 평가의 비중을 줄이는 대신 통계나 법규 등 정량적·객관적 평가의 비중을 크게 늘린 바 있다. 그해 한국의 종합 순위는 15위로 전년도의 26위에 비해 무려 11단계 상승했지만 평가 방식 변경의 효과를 뺀 순수한 의미의 순위 상승은 2단계에 불과했다. 특히 국가경쟁력 평가의 세부 항목 중 하나인 제도 부문의 경우 평가 방식 변경에 따라 순위가 무려 31단계(58위에서 27위) 상승했다. 새로운 평가 방식인 정량적 평가는 객관적인 것처럼 보이나 실상은 외형상의 변화만을 반영하는 반면, 기존의 정성적 평가는 주관적이라는 비판을 받지만 본질적으로 제도의 내실에 대한 평가이다. 이런 점에서 양 방식 간 순위 격차가 크다는 사실은 한국에서 법과 관행의 불일치가 적지 않음을 시사한다고 하겠다.

지금까지의 경제개혁은 관행은 그대로 둔 채 시장 제도의 확충에 집중되었다. 추측건대 관행은 애당초 고칠 수 없는 것으로 치부했거나 제도가 개선되면 관행도 언젠가는 따라 바뀔 것이라 막연히 기대해서 그리했을 것으로 판단된다. 그러나 지금까지의 결과를 놓고 볼 때 법만 바꿔서는 가시적 성과를 낼 수 없음이 자명하다. 법의 변화에 맞도록 관행의 변화를 이끌 대책이 필요하다. 관행은 인간관계와 밀접하게 관련된다. 따라서 관행을 개선하려면 인간관계를 개선해야 하고 그러려면 사람 간 상호작용을 제어하는 거버넌스를 고쳐야 한다. 거버넌스를 개선하려면 거버넌스에 내포된 인간관계에 대한 보다 깊은 이해가 전제되어야 한다. 그런 취지에서 이 장에서는 권력거리, 구성원의 자기 인식 및 제도의 투명성이라는 사회자본의 세 가지 측면을 통해 거버넌스를 유형화하고 한국의 거버넌스를 어떻게 고쳐야 할지를 모색하려 한다.

2. 사회자본의 측면에서 본 한국식 거버넌스

사회자본은 개인이 자신이 원하는 바를 추구할 때 쓸 수 있는 유용한 자원이라는 점에서 일종의 자본이다. 그렇지만 기업이 소유한 기계(물적자본)나 개인이 축적한 지식(인적자본)과는 달리 사람과 사람 간 관계를 통해서만 발현된다는 점에서 사회적이다. 그래서 사회자본이라 불린다. 사회자본은 인간관계를 통해 발현된다는 점에서 사회문화의 영향을 받는다. 이 점에 착안하여 이재열(Yee, 2015)은 사회자본을 ① 인간관계에 내재된 권력거리, ② 사회 구성원이 공유하는 자아 인식 성향(trait), ③ 사회규범의 보편성이라는 세 가지 문화적 차원으로 개념화한 후 이의 조합을 통해 8가지 유형의 사회를

① **약육강식 사회**: 보편적 게임의 규칙보다 불균등하게 배분된 힘의 자의적 행사가 인간관계를 지배하는 약육강식의 불신 사회

② **파벌 사회**: 충성과 보호가 맞교환되는 수직적이고 폐쇄적인 집단 위주로 인간관계가 형성되어 집단 밖 외부인에 대한 신뢰는 물론 공적제도에 대한 신뢰가 모두 낮은 불투명 사회

③ **각자도생 사회**: 위계질서가 정립되어 있지 않고 개인 간 신뢰도 부족해 만인의 만인을 위한 투쟁이 인간관계를 결정하는 혼란의 사회

④ **공동체 사회**: 공적인 제도는 없으나 개인보다 집단의 이익을 우선시하는 집단 정서를 바탕으로 평등한 권한을 가진 개인들의 협의를 통해 집단적 의사결정이 내려지는 전통 사회

⑤ **권위주의 사회**: 개인 간 신뢰가 부족하고 권력이나 자원이 불균등하게 배분되지만 투명한 사회 규칙과 강력한 공권력을 통해 사회질서가 유지되는 관료적 사회

⑥ **왕도정치 사회**: 권력이 불균등하게 배분되고 체계적인 공적제도도 없지만 선의를 가진 지도자의 도덕적 솔선수범과 사회 구성원의 전적인 신뢰로 사회가 유지되는 이상 사회

⑦ **이상적 시장경제 사회**: 사회 구성원 모두가 원하는 바를 자유롭게 선택할 권한을 가지고 균등한 권한 배분과 투명한 공적제도를 통해 개인의 자유와 사회적 책임이 조화를 이루는 투명 사회

⑧ **민주시민 사회**: 평등한 권한을 가진 개인들이 상호 신뢰를 바탕으로 사익보다 공익을 우선시하는 시민적 규범을 확립한 이상적 민주 사회

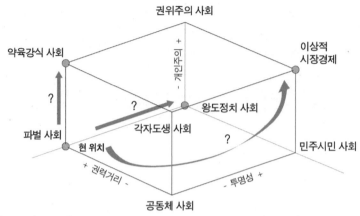

그림 5-2 **사회자본의 개념을 활용한 거버넌스의 유형**

권위주의 사회

약육강식 사회

이상적
시장경제

- 개인주의 +

왕도정치 사회

파벌 사회

각자도생 사회

현 위치

민주시민 사회

+ 권력거리 -

- 투명성 +

공동체 사회

자료: Yee(2015: 39).

제시했다. 이와 관련하여 제3장에서 거버넌스를 사람과 사람 간 상호작용을
제어하는 체계로 정의한 바 있는데, 이는 사회자본과 맥을 같이하는 것이다.
그런 점에서 사회유형을 거버넌스 유형으로 해석하더라도 무리가 없을 것으
로 판단하고 사회유형과 거버넌스 유형을 동일한 것으로 혼용하기로 한다.

〈참고 5-1〉에서는 이재열의 사회유형을 참고하여 8가지 유형의 거버넌스
를 간략하게 설명했고, 〈그림 5-2〉에서는 각 유형의 상대적 위치를 권력거
리, 자아 인식 성향 및 사회규범의 투명성을 축으로 하는 3차원 공간에 도식
화하고 있다. 먼저 한국의 거버넌스가 〈그림 5-2〉의 3차원 공간 어디에 위
치하는지를 살펴보자. 이와 관련하여 제1장에서 한국식 거버넌스의 문화적
기저를 호프스테더의 문화 분류를 원용해 긴 권력거리와 집단주의로 요약한
바 있다. 아울러 제3장에서 우리 사회의 투명성이 여전히 낮은 수준에 있음
을 설명한 후 제4장에서는 연줄을 기반으로 폐쇄적 집단주의의 문제를 지적
한 바 있다. 이 모든 것을 종합할 때 한국의 현 거버넌스는 이재열이 제시한

8가지 사회유형 중 파벌 사회에 가깝다고 할 수 있다. 이재열(2015)도 같은 이유로 우리 사회를 파벌 사회로 정의했다.

3. 한국식 거버넌스, 어디로 가야 하나?

외환위기 이후 추진된 일련의 경제개혁이 시장경제를 목표로 하고 있음은 의심의 여지가 없다. 우리나라의 '헌법'이 시장경제를 지향하고 있고 외환위기 이후의 제도 개혁이 영미식 자본주의를 모델로 삼은 점이 이를 말한다.

그러나 시장경제로의 이행이 결코 쉽지 않은 여정이 될 것임을 예상한 사람은 많지 않았다. 사회자본의 개념이 경제학에 본격적으로 수용된 것이 비교적 최근인 점을 고려할 때 공적제도만 바꾸면 관행 또한 바뀌리라 기대한 것은 어쩌면 당연하다고 하겠다. 그러나 〈그림 5-2〉는 시장경제로의 이행이 결코 쉽지 않은 과제임을 잘 보여준다. 한 나라의 문화적 기저가 단기간에 바뀌는 게 아닌데 시장경제는 한국식 거버넌스의 현주소인 파벌 사회와 대척점에 있으니 말이다. 그래서 이재열(2015)은 싱가포르와 홍콩의 예를 들어 문화적 기저 자체를 바꾸려 하기보다 우리 사회의 투명성을 높이는 데 집중하는 것이 현실적 전략이라고 주장한 바 있다.

그렇지만 긴 권력거리와 집단주의적 문화를 그대로 둔 채 투명성만 높이는 전략 또한 실현 가능성 면에서 문제가 있다. 제3장과 제4장에서 설명했듯이 투명성은 문화적 기저와 분리해 높일 수 있는 독립변수가 아니기 때문이다. 외환위기 이후 추진된 일련의 경제개혁은 정확히 이 전략을 따른 것인데 여태까지의 결과는 실망스럽기만 하다. 투명성이 높아지려면 공적제도와 비공식제도가 서로 정합성을 유지해야 하는데 공적제도만 바꾸다 보니 두 제도 간 정합성이 흐트러져 법과 관행의 불일치 문제가 불거진 것이다.

공적제도만을 바꾸는 현재의 전략으로는 시장경제는 물론이고, 싱가포르식 거버넌스(왕도정치 사회)로의 진화도 어려워 보인다. 오히려 파벌 사회로 계속 남거나 이보다도 못한 약육강식 사회로 타락할 개연성이 훨씬 높아 보인다. 이렇게 생각하는 주된 근거는 우리나라에 만연하는 집단이기주의 현상이다. 연줄을 매개로 한 부당 인사 거래는 우리 사회가 겉으로는 집단주의 사회이지만 실상은 집단이 개인의 이기심을 만족시키기 위한 도구에 불과함을 말하고 있고 최근의 '갑질 논란'은 보편적 게임의 규칙보다 불균등하게 배분된 힘의 자의적 행사가 한국 사회를 지배하고 있음을 보여주고 있다.

그렇다고 과거 개발연대의 성장촉진형 거버넌스로 되돌아가는 방안도 비현실적이기는 마찬가지이다. 우선 정부와 기업가로 구성된 엘리트 집단의 협의만으로 자원을 배분하기에는 우리 경제가 너무 크고 복잡해졌다. 게다가 소득수준의 향상과 정치민주화의 진전을 배경으로 공정이 시대가치로 확고하게 자리 잡은 만큼 공정을 희생하면서 성장 일변도의 정책을 펼치기는 사실상 불가능하다.

둘째, 우리 경제가 처한 기술 여건이 크게 바뀌었다. 비교우위 산업 대부분이 기술 프런티어에 도달했으므로 과거처럼 외국 기술의 단순 모방에 의존한 추격 전략을 펼치기도 어렵거니와 기술의 융복합과 연계를 특징으로 하는 4차 산업혁명이 도래하면서 명령과 통제에 의존하는 개발연대의 거버넌스 방식은 더 이상 유효하지 않다. 4차 산업혁명은 경제주체 간 연계성을 높여 경제구조를 복잡(complicatedness)하게 만드는 데 그치지 않고 미래 예측을 불가능하게 하는 복합화(complexity) 특성을 강화하고 있다.[1] 그러기

---

1) 첨단기계의 경우 수많은 부품으로 구성되어 복잡하지만 동일한 투입에 대해 동일한

에 미래를 예측해 이에 대한 대책을 미리미리 마련하는 것도 중요하지만, 그보다는 예기치 못한 방향으로 상황이 전개될 경우 이에 발 빠르게 대응하는 적응능력(adaptability)이나 유연성(flexibility)이 한 나라의 경쟁력을 좌우할 가능성이 더 커진 것이다. 이는 조직의 경쟁력이 기술 기반이나 지식기반의 경쟁력에 바탕을 둔 경쟁 우위(competitive advantage) 이외에 조직의 변신 능력에 초점을 맞춘 적응 우위(adaptive advantage)도 중요함을 의미한다고 하겠다. 조직의 적응성과 유연성 제고는 일선 하위 조직 구성원이 상부의 지시를 기다리는 수동적 태도에서 벗어나 수시로 변하는 현장 상황에 대응해 주도적으로 행동할 때 비로소 가능하다는 점에서 사람과 사람 간 관계를 제어하는 거버넌스의 중요성이 그 어느 때보다 커진 상황이다. 요컨대 과거의 성장촉진형 거버넌스로 돌아가는 것은 현실적인 대안이 될 수 없다.

이상의 논의를 종합하면 시장경제로의 이행은 비록 그 과정이 쉽지는 않겠지만 우리에게 주어진 유일한 선택지라는 결론에 도달한다. 또한 진정한 의미의 시장경제를 구현하려면 공적제도와 비공식제도 간 부정합성을 치유하는 데에도 정책적 노력이 필요함이 분명하다. 그러려면 공적제도를 고치는 데에 그치지 말고 권력거리를 줄이고 개인주의적 가치를 함양하는 방향으로 비공식제도를 개선하는 노력을 병행해야 할 것이다.

결과를 낳도록 프로그램되어 있다는 점에서 복잡(complicated)한 반면 21세기의 인간관계는 연계성 증대로 복잡해짐과 동시에 미래에 대한 기대 등이 작용하면서 투입이 같더라도 결과가 다를 수 있는 복합화(complexity) 특성을 띠고 있고, 이러한 복합화 현상으로 인해 미래 예측 가능성이 떨어지는 차이가 있다.

제6장

시장경제를 지탱하는 삼각 축

1. 시장경제란 무엇인가?

제5장에서는 시장경제로의 이행이 우리 경제가 나아갈 유일한 길이며 이를 위해서는 투명성을 높이는 방향으로 공적제도를 확충함과 동시에 권력거리를 줄이고 개인주의적 가치를 함양하는 방향으로 조직문화를 개선할 필요가 있음을 밝힌 바 있다. 그러나 조직문화를 변화시키기는 쉽지 않다. 사람과 사람 간 상호작용을 제어하는 습관 자체를 바꾸는 것이기도 하거니와 난마처럼 얽힌 난제들을 하나하나 풀어헤쳐 나가는 과정에서 의도치 않은 부작용이 나타나기 쉽고, 때에 따라서는 변화가 엉뚱한 방향으로 흐를 가능성도 있기 때문이다. 변화의 모멘텀을 만들고 유지하는 것 못지않게 변화의 방향성을 유지하는 것 또한 중요하다.

변화의 방향성을 유지하려면 변화의 지향점에 대한 이해가 전제되어야 한다. 그런 취지에서 이 장에서는 시장경제를 구현하려면 무엇이 필요한지를 살펴보고자 한다. 아울러 시장경제가 시장에 모든 것을 일임하는 시장 방임을 의미하는 것이 아니라는 점을 밝히는 것도 이 장의 주요 목표이다. 달리 말하면 경제 구성원 모두가 상당한 수준의 덕성을 바탕으로 절제된 자유를 누릴 줄 알아야 하고, 혹시 발생할지 모르는 위법행위를 다스리는 엄정한 법치주의가 확립되어 있어야 비로소 시장경제가 구현될 수 있음을 밝힐 것이다.

1) 애로·드브루 모형의 행간 읽기

애덤 스미스(Adam Smith)는 모든 사람이 각자 사익(self interest)을 좇아 경제행위를 하더라도 그들의 의도와 관계없이 경제 전체의 이익에 기여한다고 보았다. 이것이 애덤 스미스의 유명한 '보이지 않는 손(invisible hand)'이고 선택의 자유와 분업에 기초한 시장경제 체제를 정당화하는 핵심 논리이다.

1954년에 발표된 애로·드브루(Arrow-Debreu) 일반균형이론은 애덤 스미스의 보이지 않는 손이 작동하는 경제를 정치한 이론으로 구현했다는 점에서 역사적 의의가 있다. 이들이 그린 경제는 사익을 추구하는 무수히 많은 사람들이 무수히 많은 재화의 생산과 교환에 참여하는 복잡한 구조이지만, 경제 구성원 모두가 최대의 효용과 최대의 이윤을 거두는 지상낙원이다. 여기서 드는 의문은 그 비결이 무엇인지이다. 결론을 말하면 애로·드브루 모형이 채택한 '완전경쟁(perfect competition)'이 최적의 자원배분을 이끄는 핵심 비결이라는 것이다. 그러면 완전경쟁은 무엇인가? 요약하면 자유로운 시장진입과 퇴출, 가격수용자와 사회경매인에 의한 시장가격 결정이 완전경쟁을 구성하는 핵심 가정들이다.

가정 1 **자유로운 시장진입과 퇴출**: 모든 사람은 자신이 원하는 재화의 생산 및 판매에 특화할 자유가 있는데 이 모두가 사익을 추구하기에 이왕이면 더 많은 수익을 거둘 수 있는 재화의 생산에 특화하길 원한다. 따라서 이들은 끊임없이 수익이 낮은 시장을 나와 수익이 높은 시장에 진입한다.

가정 2 **가격수용자**(price taker): 시장에는 수많은 수요자와 공급자가 존재하므로 수요자나 공급자 개인은 시장가격에 영향을 미칠 수 없다. 그 결과 모든 시장참여자들은 시장에서 형성되는 가격을 주어진 것으로 보고 행동한다.

가정 3 **사회경매인에 의한 시장가격 결정**: 모든 재화와 서비스의 가격은 시장참여자가 아닌 사회경매인이 결정한다. 시장참여자들은 모든 가격대별로 얼마만큼을 사거나 생산할지에 관한 수요 및 공급 계획서를 사회경매인에 보고하고 사회경매인은 시장참여자들이 보고한 수요와 공급계획서를 토대로 모든 재화의 수요와 공급을 일치시키는 가격체계를 찾는다. 어느 한 시장에서라도 수요와 공급이 일치하지 않으면 모든 시장의 수급이 일치될 때까지 사회경매인에 의해 가격체계가 수정된다.[1] 그리고 모든 시장의 수급이 일치하는 가격체계가 완성되어야 비로소 모든 시장에 걸쳐 거래가 동시에 이뤄진다.

이 세 가지 완전경쟁 가정이 합쳐져 다음 두 가지 결과가 나온다. 첫째, 경제행위의 보상이 기회비용과 일치하고 그 결과 자원배분은 파레토최적

---

1) 이를 탐색과정(tâtonnement process)이라 한다.

(Pareto Optimum)이다. 달리 말하면 누군가의 효용이나 이윤을 줄이지 않고서는 다른 누구의 효용이나 이윤을 늘릴 수 없고 그런 점에서 경제적 효율이 극대화된다. 둘째, 가격 수용을 기반으로 한 개별 최적화 행위가 균형가격에 의해 뒷받침되므로 시장참여자 누구도 소비나 생산의 양을 바꾸거나 가격수용자로서의 행동 양식을 버릴 유인이 없다. 그 결과 시장균형이 안정적인 질서로 확립된다.

지금까지 애로·드브루 모형의 외형을 액면 그대로 묘사했다. 이제, 한 걸음 더 들어가 모형의 이면에 숨어 있는 행간을 읽어보자.

2) 가격수용자 가정은 가격경쟁이 아닌 실력경쟁을 의미한다

가격수용자 가정은 시장 참여자가 매우 많아 아무도 시장가격을 좌지우지할 정도의 시장점유율을 확보하지 못한 상황을 설정함으로써 합리화하고 있다. 그러나 시장참여자가 아무리 많더라도 경제주체들이 자신이 만든 제품의 가격결정권을 포기한다는 것은 비현실적이다.

골목상권에 흔한 분식집의 경우를 예로 들어보자. 분식집 대부분은 맛의 차이가 없고 친절도나 위생 상태 등도 대동소이한 데에다 규모가 영세하다는 공통점이 있다. 그런 점에서 골목시장은 가격이 매출을 좌우하는 완전경쟁시장의 특징을 보인다. 그렇지만 영세 분식집조차 가격수용자처럼 행동하긴 어렵다. 가격인상 요인이 있어도 손님을 잃지 않으려면 주변 분식집의 눈치를 볼 필요가 있어 당장 가격을 올리기 어렵고 재룟값 하락으로 가격인하 요인이 생기더라도 가급적 가격인하 시기를 늦춰 잠시나마 원가절감의 혜택을 누리는 것이 현명한 처사이다.[2] 이래저래 주변 경쟁자의 눈치를 볼 수밖에 없어 분식집 사장의 가격결정권은 많은 제약을 받는 게 사실이다. 그러나 언제 가격을 올리거나 내릴지는 전적으로 개별 분식점 사장의 몫이라는 점에서 분식집 사장은 엄밀한 의미에서 가격수용자가 아니다.

그렇다면 비현실적인 가격수용자 가정이 완전경쟁에서 가지는 진정한 의미는 무엇인가? 이런 질문을 던지는 이유는 완전경쟁시장의 본질이 가격경쟁에 있다는 교과서적 해석과 가격수용자 가정이 상치되기 때문이다. 가령 가격만이 유일한 경쟁 수단이고 모든 기업이 가격수용자로 행동한다고 가정해 보자. 이 경우 '남을 이기기 위한 라이벌 행위'라는 상식적 의미의 경쟁이 '완전하다'는 형용사에 의해 제거되어 '완전경쟁시장에는 경쟁이 없다'는 이상한 결론에 도달하게 된다.

이런 모순을 해결하는 유일한 길은 '완전경쟁은 가격경쟁'이라는 교과서적 해석에서 벗어나 완전경쟁을 원가절감이나 제품 차별화 등을 통한 '비가격 실력경쟁'으로 해석하는 것이다.[3] 가격수용은 행위의 겉모습만을 보면 가격결정권을 포기하는 것과 같지만, 행위를 유발하는 내면의 동기에 초점을 맞추면 전혀 다른 의미가 있다. 즉 가격을 수용한다는 것은 주변의 경쟁 상대가 무엇을 하는지 '신경 쓰지 않고' 오로지 자신이 할 일에 최선을 다하겠다는 행위자의 의지를 반영하는 것으로 해석할 수 있다. 이는 행동심리학에서 말하는 두 가지 유형의 동기(motive), 즉 정의·보람 등 가치를 중시하는 내적 동기(intrinsic motive)와 승진·보수 등 보상에 이끌리는 외적 동기(extrinsic motive) 중 전자의 유형인 내적인 동기에 의한 행위만을 강제하는

---

2)   재화의 가격이 원가 변동에 즉각적으로 반응하지 않는 현상을 경제학에서는 가격경직성(price stickiness)이라 부른다.

3)   물론, 애로·드브루 모형은 외형상 기술 진보가 없는 정태적 모형이지만 기술개발을 통한 신시장 창출 가능성을 열어두고 있다는 점에서 가격수용자 가정은 비가격 경쟁으로 해석할 수 있다.

게 가격수용자 가정이 의도하는 진짜 목적이라는 의미이다.

가격수용을 내적 동기에 의한 행위로 해석함은 온갖 형태의 부정경쟁 행위를 배제하는 효과가 있다. 모든 사람이 '남이 무얼 할지 신경 쓰지 않고 자신의 일에 최선을 다한다'는 것은 덤핑 등 부당 가격 설정 행위는 물론이고 뇌물 수수를 통한 경쟁 왜곡 등 온갖 형태의 부정행위를 하지 않는다는 것을 의미한다. 그 결과 가격수용자 가정은 경영합리화나 기술개발을 통한 경쟁력 제고만이 유일한 경쟁 수단이 되는 여건을 조성한다. 경쟁이 경제의 효율성 증대로 연결되려면 부정한 형태의 경쟁이 없어야 한다. 애로·드브루 모형에서 경쟁이 언제나 경제 전체의 효율 극대화로 연결되는 비결은 부정경쟁 행위를 배제한 순수한 의미의 실력경쟁만을 허용하기 때문이다.

3) 사회경매인은 시장 거래에 관한 보편적 법규를 상징한다

가격수용자 가정은 경제주체로부터 가격결정권을 빼앗는 것이므로 그를 대신해 누군가가 시장가격을 결정해야 한다. 사회경매인이라는 허구의 이론적 장치가 필요한 이유이다. 그러나 사회경매인에 의한 시장가격 결정이 중앙 기구에 의한 계획경제식 가격결정을 의미하지는 않는다.[4] 애로·드브루 모형은 어디까지나 시장경제를 전제로 하므로 사회경매인이 의미하는 바는 전혀 다른 데 있다.

---

[4] 애로·드브루 모형 자체는 매우 추상적이어서 체제 중립적이라 할 수 있다. 예를 들면 사회경매인은 분권적 시장질서뿐만 아니라 중앙집중형 계획경제로 해석될 수 있기 때문이다. 그렇지만 애로·드브루 모형은 완전경쟁을 가정했고 주류경제학의 후생 정리도 완전경쟁 균형과 관련된다는 점에서 분권적 시장질서를 염두에 둔 것으로 보는 것이 타당하다고 하겠다.

첫째, 사회경매인에 의한 가격결정은 경제주체 간 복잡한 상호작용을 배제하기 위한 이론적 장치이지 중앙집중적 가격결정을 의미하지는 않는다. 경쟁에서 살아남으려면 경쟁 상대의 행태를 관찰하고 이길 방도를 찾아야 한다. 이는 경쟁이 본질적으로 사람 간 상호작용을 내포하고 있음을 의미한다. 그러나 사람 간 상호작용은 분석하기가 매우 까다롭다. 사회경매인에 의한 중앙집중적 가격결정은 가격수용자 가정과 함께 의사결정과정은 생략하고 결과만을 분석하겠다는 의도를 담고 있다.

둘째, 사회경매인의 존재는 가격수용자 가정과 합쳐져 실력경쟁만이 유일한 경쟁 수단이 되는 여건을 조성한다. 가격수용자 가정은 경제주체로부터 가격결정권을 빼앗음으로써 덤핑 등의 부정한 가격결정 행위를 배제하는 효과가 있으나 그것만으로 뇌물수수 등의 경쟁 왜곡 행위를 막기에는 역부족이다. 경제주체의 속내까지 읽는 능력을 바탕으로 경제주체 누구에게도 치우치지 않는 중립적인 입장에서 시장가격 체계를 설정하는 사회경매인의 존재는 시장가격의 적정성을 담보함은 물론이고 부당한 경쟁 왜곡 행위를 불가능하게 함으로써 실력만이 유일한 경쟁 수단이 되는 여건을 만드는 것이다.

셋째, 사회경매인의 존재는 시장질서의 보편성(universality)을 보장한다. 사회경매인은 모든 시장 거래의 관장자로서 재화의 수요와 공급을 일치시키는 가격체계를 설정하는 한편, 부당거래를 금지하는 임무를 담당한다. 거래 당사자가 누구인지 관계없이 항상 동일한 규칙이 적용되고 그 범위는 경제 전체이다. 달리 말하면 사회경매인이 관장하는 시장 거래질서는 탈개인화(depersonalization)와 보편성을 지닌다.

2. 이상적 시장경제의 구성 요소

현실 세계의 경제주체는 경쟁이 아무리 치열하더라도 가격결정권을 포기하지 않는다. 그런 점에서 가격수용자 가정은 허구이다. 그렇지만 가격수용자 가정은 여전히 경제이론에 널리 쓰이고 있다. 이론은 현실을 분석할 목적으로 개발된다. 가정은 현실의 불필요한 디테일을 걸러내어 이론을 단순화함으로써 분석을 가능하게 하는 역할을 한다. 어떤 가정이 쓸모가 있는지는 현실성만으로 따질 수 없다. 가정이 비현실적이어도 거기서 도출된 이론이 현실을 설명하거나 미래를 예측하는 데 도움이 된다면 가정은 유지될 수 있기 때문이다(Friedman, 1953).

완전경쟁 가정은 두 가지 측면에서 쓸모가 있다. 첫째, 경쟁에 내포된 경제주체 간 전략적 상호작용을 배제하고 가격만이 선택행위에 영향을 미치도록 함으로써 단순하면서도 엄밀한 이론 구축을 가능하게 한다. 둘째, 개개인의 사익 추구가 경제 전체의 효율로 연결되는 이상향을 그림으로써 현실의 경제가 어떤 점에서 비효율적인지를 분석할 수 있는 기준을 제시하고 있다. 이 책에서 애로·드브루 모형을 소개하는 이유는 바로 여기에 있다.

애로·드브루 모형이 그린 이상적 시장경제의 모습은 무엇인가? 앞서 설명한 완전경쟁의 의미를 거버넌스 관점에서 해석해 볼 때 ① 경제적 자유, ② 시민의식, ③ 법치주의가 시장경제를 떠받치고 있음을 알 수 있다.

1) 경제적 자유

시장경제가 계획경제와의 체제 경쟁에서 이긴 비결은 '사익 추구'라는 인간의 원초적 본능을 자연적 권리로 인정한 데 있다. 사익을 추구한다는 것은 무엇이 자신에 유리한지를 주도적으로 판단해 행동에 옮김을 의미한다. 그러려면 '남의 자의적 간섭이나 억압 없이 자신의 판단대로 행동할 자유'가 있어야 한다. 이것이 시장경제에서 '경제적 자유'에 담긴 의미이다. 경제행위는 여러 대안 중 어디에 희소자원을 투입할지를 결정하는 선택행위이다. 따라서 경제적 자유는 '선택의 자유'와 진배없다. 경제적 자유가 없이는 사익 추구가 불가능하다는 점에서 경제적 자유는 사익 추구의 전제 조건이고, 그런 점에서 시장경제의 본질적 가치를 반영하고 있다.

2) 시민의식

시장경제에서 생산의 목적은 자체 소비보다 판매를 통한 이윤 획득에 있기에 분업이 불가피하다. 분업은 생활에 필요한 소비재를 분담해 만드는 것이기도 하지만, 혼자 하기 어려운 일을 나누어 맡는 것이기도 하다. 분업이 경제 전체의 효율로 이어지려면 역할의 적절한 배분과 유기적 결합이 필요하다. 경쟁은 미시적으로 보면 둘 이상의 사람이 하나의 목표를 두고 갈등하는 현상이지만, 경제 전체의 시각에서 보면 최상의 능력자가 역할을 맡도록 함으로써 분업의 효율을 높이는 제도적 장치이다.

최상의 능력자가 역할을 맡도록 하려면 실력만이 경쟁의 결과를 좌우하는 경쟁의 법칙이 확립되어야 한다. 실력경쟁은 분업의 효율을 높이는 제도적 장치로서의 의미뿐 아니라 경제 구성원 모두의 사익 추구 권리를 조화하는 의미도 있다. 시장경제는 기본적으로 개인이 사익을 추구할 권리를 누리는 경제이다. 그러나 나 혼자 사는 세상이 아니기에 경제가 유지되려면 '나의 경제적 자유'뿐 아니라 '남의 경제적 자유'도 존중되어야 한다. 실력경쟁은 사익을 추구하되 남의 경제적 자유를 침해하지 않는 행동준칙을 요구한다는 점에서 덕성을 갖춘 경쟁이다. 그런 점에서 애로·드브루 모형의 가격 수용자 가정에 내포된 실력경쟁은 신의성실의 원칙을 준수하는 시민의식 (civic virtue)을 전제로 한다고 하겠다.

3) 법치주의

경제행위를 자율에만 맡길 수 없다. 옳지 않다는 이유로 높은 수익을 거둘 기회를 박찰 만큼 덕성이 완벽한 사람은 없기 때문이다. 성숙한 시민의식에 더해 어떤 행위가 사회적으로 용인될지를 정하는 법이 필요하다. 사람들이 법을 따르는 이유는 공권력이 강제해서이기도 하지만, 그렇게 하는 것이 옳다고 믿기 때문이기도 하다. 그런 점에서 법이 가지는 힘의 원천은 사회 구성원 모두가 공유하는 보편적 가치에 있다 하겠다.

법은 원칙을 규정한 것이기에 인간관계의 시시콜콜한 부분까지 담아내는 것은 가능하지 않을 뿐 아니라 바람직하지도 않다. 법이 지나치게 복잡해져 개인의 경제적 자유를 침해할 수 있기 때문이다. 그렇다고 사람이 누구이고 상황이 어떤지에 따라 법이 그때그때 달라져서도 안 된다. 인간 행동의 세세한 부분까지는 아니지만 인간이 따라야 할 대강의 행동 원칙은 있어야 한다는 것이다. 원칙에 입각한 통제가 법치(rule of law)의 핵심이다. 그런 점에서 법치는 시민의 준법정신과 불가분의 관계에 있다. 원칙을 따르는 시민의식은 법이 정하지 않는 인간관계의 세세한 부분을 지도하는 역할을 담당해야 하고 법은 시민이 따라야 할 행동원칙을 제공하다는 점에서 말이다.

이상의 내용을 종합하면 애로·드브루 모형이 그리는 이상적인 시장경제 체제는 시민의식(준법정신)과 법치주의(공적 규칙)가 경제 구성원 모두의 경제적 자유를 뒷받침하는 거버넌스 체제라 하겠다. 경제적 자유는 경제 구성원

그림 6-1 **완전경쟁에 내포된 시장경제의 핵심 가치**

| 시장진입 및 퇴출의 자유 | ⇨ | 경제적 자유 |

| 가격수용자 | ⇨ | 시민의식 |

| 사회경매인 | ⇨ | 법치주의 |

모두가 사익 추구라는 본능에 이끌려 각자의 능력을 최대로 발휘하게 하는 원동력이 되고, 성숙한 시민의식은 실력에 기반을 둔 경쟁 풍토를 조성함으로써 경제 구성원 모두의 사익 추구가 조화되고 분업의 효과가 극대화되는 여건을 조성하며, 법치주의는 게임의 규칙을 확립하고 혹시나 있을 부당행위를 예방하거나 처벌함으로써 경제 구성원 모두의 자유와 실력경쟁을 직접 실천하는 시민의식이 유지될 수 있는 여건을 만든다.

결국 시장경제는 모든 것을 시장에 일임하는 시장방임이 아니라는 결론에 도달한다. 자신의 경제적 자유와 남의 경제적 자유를 조화시키는 높은 수준의 준법정신과 엄정한 법집행이 필요하다는 점에서 시장경제는 덕성이 요구되는 거버넌스 체제이다.

제7장

불신의 피라미드와 취약한 견제 기능

1. 불신의 제도화

시장경제는 경제적 자유, 시민의식, 법치주의의 세 축이 지탱하는 경제체제이다. 어느 한 축이라도 무너지면 힘을 잃는 구조이기에 삼각 균형을 유지하는 게 무척 중요하다. 그러나 이는 쉽지 않은 과제이다. 경제적 자유는 법으로 허용한다고 해서 절로 얻어지는 것이 아니다. 경제적 자유는 나의 자유 못지않게 남의 자유를 소중히 여기는 시민의식이 전제되어야 하는데, 경제구성원 모두의 자유를 존중하는 시민의식은 법 이전에 덕성과 관행의 문제이기 때문이다. 법과 자유의 조화도 쉽지 않다. 법이 지나치게 느슨할 경우 부당한 재산권 침해를 막기 어렵고, 반대로 법이 지나치게 촘촘할 경우 정상적인 거래마저 억압하는 부작용이 예상된다는 점에서 그렇다.

시장경제 체제를 채택하고 있는 서구 선진국은 경제적 자유, 시민의식, 법치주의의 삼각 균형을 유지하기 위해 여러 유형의 기제를 사용하고 있다. 이를 네 가지 유형으로 분류해 보았다.

첫 번째 유형은 부정행위를 규제하거나 정보 부족 문제를 해소하는 제도들이다. 덤핑이나 가격 담합을 금지하거나 부정적인 외부효과를 유발하는 행위를 억제하는 공정거래 관련 법제가 대표적이다. 이러한 외적 강제 방식은 이기적 행동이 만연한 상황에서 유용하지만 다양한 거래를 다 담아낼 수 없어 창의적인 사익 추구를 제약할 가능성이 큰 데다 공권력이 이익집단에 사로잡히는 등의 한계가 있다.

두 번째 유형은 시장 규율이다. 이 방식은 1980년대 이후 민영화와 규제 완화 추세에 편승해 급속히 확대되었다. 특히 기업지배구조 측면에서 두드러졌는데 주주 가치 극대화 가설에 기반하여 시장(주가)을 통해 기업의 경영진을 감시하는 방식이 대표적이다. 이 방식은 시장이 행정규제를 대신하지만 외부 감시라는 사실에는 변함이 없기에 첫 번째 유형과 마찬가지로 불신에 기초하고 있다. 그러나 이 방식도 완전한 해결책이 아님이 글로벌 금융위기를 통해 극명하게 드러났다. 주주 가치 극대화를 중시하는 기업경영이 단기 성과주의를 확산시켜 기업의 성장잠재력을 떨어뜨리는 폐단이 있었기 때문이다.

세 번째 유형은 자율규제 방식으로 이해당사자 간 협상을 통해 공동의 이익을 도출하는 방식이다. 이 방식은 이해당사자 간 협의를 통해 집단행동 문제를 극복하는 것이므로 '공유지의 비극'을 해결할 실마리를 제공한다. 또한 이해당사자들이 주도하는 것이라 정확한 정보를 바탕으로 규제의 효율을 높이는 효과도 있다. 그러나 이 방식은 대표적 성공 사례인 수자원의 자율규제가 보여주듯이 협상에 참여하는 사람들이 동질적이며 평소에 서로를 잘 알아야 가능하므로 생면부지인 사람과의 거래를 포함하는 시장 거래 전체로 확대하기에는 무리가 있다.

네 번째 유형은 사회의식과 관행이다. 아무리 정치하게 설계하더라도 복잡한 인간관계를 다 담아내는 완벽한 제도는 없기에 경제주체들의 사회의식과 여기서 파생되는 관행으로 제도의 부족한 부분을 보완해야 한다. 일찍이 애덤 스미스가 개인의 사익 추구(self interest) 동기와 함께 공감(sympathy) 능력을 강조한 이유가 여기에 있다. 스미스는 인간 모두 남으로부터 인정받고자 하는 욕구가 있는 만큼, 스스로도 남을 인정하는 능력을 타고나며 이것이 자연섭리(natural order)라 했다. 이러한 공감 능력은 자기통제로 이어져 사익 일변도의 반사회적 행동을 억제한다. 18세기 후반 영국의 산업혁명이 대표적이다. 산업혁명이 가능했던 사회적 배경으로 금전적 이익보다 타인으로부터의 인정을 중시하는 신사도 정신(gentlemanship)이 시대 정서로 자리 잡아 이길 목적의 저급한 경쟁이 최소화되었던 것이다. 그러나 사회의식과 관행은 소수의 사람이 주도해 단기간에 바꿀 수 있는 게 아니라는 단점이 있다.

불신의 강도가 높은 순서대로 나열한 네 가지 유형의 기제는 모두 거래에 부수되는 신뢰 문제와 관련이 있다. 각 기제는 나름의 장점이 있어 잘만 조합하면 시장경제의 삼각 균형을 구현하는 데 도움이 될 것이다. 문제는 '어떻게 조합할 것인가'인데 해답은 '불신의 제도화(institutionalization of distrust)'에 있다고 본다(Braithwaite, 1998).

우리가 거래를 하는 이유는 이득을 보기 위해서인데 그러려면 상대가 계약상의 약속을 지켜야 한다. 그러나 모두가 약속을 지키는 것은 아니다. 타고난 사기꾼이어서 그렇든 높은 수익에 눈이 멀어서 그렇든 계약을 이행하지 않는 사람은 어느 사회에나 있기 마련이고, 그런 사람이 많으면 상대를 믿지 못해 거래 자체가 불가능해질 수 있다. 불신의 제도화는 거래상대방의 배신 가능성에 미리 대비함으로써 경제 구성원 모두가 서로를 믿고 거래할 수 있는 여건을 만드는 게 목표이다. 불신의 제도화는 두 가지로 구성된다. 일단 믿고 거래하되 상대가 믿음을 저버리면 상응하는 정도로 보복하는 '신뢰 우선의 행동 대 행동 원칙(tit-for-tat principle)'이 하나요, 경제 구성원 각자가 다른 구성원의 행위를 상호 감시하고 필요시 견제할 수 있도록 힘의 균형을 도모하는 '견제와 균형'이 다른 하나이다.

1) 신뢰 우선의 행동 대 행동 원칙

신뢰 우선의 행동 대 행동 원칙은 앞서 언급한 시장경제의 네 가지 기제를 역순으로 정렬한 후 신뢰 의존성이 가장 높은 네 번째 기제부터 우선 적용하는 반응형 전략이다. 달리 말하면 믿고 거래하되 상대의 반응을 보고 "눈에는 눈, 이에는 이"로 대응하라는 것이다. 반응형 전략은 거래 상대의 신뢰도를 사전에 알기 어려워 상대의 유형에 알맞은 거래 전략을 골라 쓰기 어려운 현실을 반영한 것이다.

주변을 돌아보면 상황이 어떠하든 양심에 부합하는 행동만을 고집하는 도덕적 사람이 있는가 하면 돈이 된다면 수단과 방법을 가리지 않는 부도덕한 사람도 있고, 상황에 따라 유불리를 따져 양심과 사심의 경계를 넘나드는 득실계산형 사람도 있다. 만약 상대의 유형을 미리 알 수만 있다면 유형에 맞는 대책을 쓰면 그만이다. 가령 상대가 부도덕한 이기주의형이면 거래를 하지 않거나 손해배상 청구 등의 보복조치를 취하는 게 최선이고, 상대가 득실계산형이면 부당행위에 대한 벌칙을 계약에 반영함으로써 신뢰를 저버리지 않도록 유도하는 것이 바람직할 것이며 상대가 도덕적 행동을 선호하는 양심추구형이라면 그냥 믿고 거래하는 것이 합리적일 것이다.

그러나 거래 상대가 어떤 유형인지 미리 알기 어려우므로 상대의 유형을

그림 7-1 **집행의 피라미드**

이기주의형 → (유형3) 행정적·사법적 규제

득실계산형 → (유형2) 시장 규율

양심추구형 → (유형1) 대화와 설득

자료: Braithwaite(1998: 353).

확인한 후 맞춤형 대응책을 골라 쓰기는 곤란하다. 신뢰를 우선하는 행동 대 행동 원칙은 이런 현실을 고려해 고안된 일종의 반응형 전략이다. 〈그림 7-1〉의 집행 피라미드(enforcement pyramid)는 반응형 전략을 피라미드 형 태로 도식화한 것인데 시장경제의 네 가지 기제 중 자율규제를 제외[1]한 나 머지 기제들을 우선순위가 높은 것부터 하단에 쌓은 것이다. 즉 우선 믿고 거래하되 이것이 통하지 않으면 벌칙 등의 시장규율을 사용하고, 이마저 효 과가 없으면 최후의 수단으로 자격정지 등의 강제력을 행사하라는 의미이 다. 간단히 말하면 "그러지 말아야 할 합당한 이유가 생길 때까지는 상대를 믿으라"라는 메시지인 셈이다.

상대가 거래 계약을 지킬지가 불확실한 상황에서 믿음의 거래를 우선시 하는 행동 대 행동 전략이 가능한 이유는 피라미드의 위 단계에 내포된 불신

---

1) 세 번째 유형인 자율규제는 공공재의 공급과 관련되어 있어 사적 재화의 공급과 관련 된 나머지 세 가지 유형과 구분되기에 제외했다.

의 대책이 일종의 위협으로 작용해 아래 단계에서 요구하는 행동양식을 따르도록 유도하는 역할을 하기 때문이다.

왜 그런지를 이해하기 쉽도록 '죄수의 딜레마(prisoner's dilemma)' 상황에서 행동 대 행동 원칙이 담당하는 역할을 살펴보자. 죄수의 딜레마는 두 용의자가 분리되어 심문을 받는 과정에서 당면하는 선택의 문제와 관련된다. 둘 다 혐의를 부인하면 증거 부족으로 풀려나지만 둘 중 하나가 죄를 인정하면 끝까지 혐의를 부인한 자만 무거운 처벌을 받기 때문에 죄를 혼자 뒤집어쓰지 않고자 용의자 모두 죄를 인정하게 된다는 것이다. 무죄를 주장하고 싶지만 그럴 수도 없는 딜레마가 발생하는 원인은 용의자 간 상호 불신이다. 두 사람 간의 신뢰가 평소 두텁더라도 무거운 처벌이 눈앞에 아른거리는 상황이라면 혼자라도 살기 위해 동료를 배신하는 것이 인지상정이다. 용의자 간 상호 불신의 딜레마를 극복하는 방안은 역설적이지만 배신의 가능성에 미리 대비하는 것이다. 즉 어느 한쪽이 배신하면 배신을 당한 쪽이 출소 후 배신자에게 철저히 보복하기로 미리 합의하는 것이다. 보복은 배신의 기회비용을 높임으로써 두 용의자 모두 끝까지 혐의를 부인하도록 유도하는 효과가 있다. 따라서 보복은 실현되지 않는다. 용의자 간 신뢰를 보완하는 게 진짜 목적이기에 보복은 위협에 그치는 것만으로 역할을 다한 셈이기 때문이다.

'집행 피라미드'가 노리는 바는 배신의 불법행위를 예방함으로써 사람 간에 신뢰를 확산하는 것이다. 아무리 타고난 사기꾼이라도 감방살이를 좋아할 리 없기에 노골적인 사기 행각은 피하려 할 것이고, 금전적 유불리에 민감한 득실계산형 사람도 벌금을 피하고자 최대한 양심적으로 행동할 것이기 때문이다. 결과적으로 자격정지나 벌금 등의 보복은 실제 사용하지 않더라도 존재하는 것만으로 인간 행동의 신뢰성을 높이는 효과가 있다. 이

것이 집행 피라미드로 도식화된 '신뢰 우선의 행동 대 행동 원칙'이 의도하는 바이다.

2) 견제와 균형의 원칙

견제와 균형은 행정부, 입법부, 사법부 간 삼권분립을 뒷받침하는 논리로 잘 알려져 있으나 시장경제에서도 필요하다. 신뢰 우선의 행동 대 행동의 원칙이 신뢰의 거래를 뒷받침하려면 거래의 일방이 배신할 경우 상대가 그에 상응하는 보복을 할 것이고 보복이 실행되면 배신자가 적지 않은 손해를 입을 것으로 예상되어야 하기 때문이다. 달리 말하면 신뢰 우선의 행동 대 행동의 원칙이 구현되려면 거래 쌍방이 서로를 견제할 수 있어야 한다.

시장경제에서 경제적 자유는 나만의 자유가 아니라 모든 경제 구성원의 자유를 의미한다. 따라서 경제적 자유는 자신이 원하는 바를 추구할 '권리'이기도 하지만, 타인의 사익 추구 권리를 존중해야 할 '의무'이기도 하다. 그러나 사람은 누구나 자신의 안위가 제일 중요하므로 타인에 대한 의무를 경시하고 나의 권리만 챙기는 경향이 있다. 따라서 경제 구성원 모두가 경제적 자유를 누리려면 각자 자신의 정당한 권리를 남이 침해하는지를 감시하고 필요시 손해배상을 청구하는 등 견제에 나서야 한다. 그러나 서로가 서로를 견제하려면 경제 구성원 각자의 힘이 비슷해야 한다. 물론 경제 구성원 간 힘의 불균형은 공권력으로 어느 정도 해소할 수 있다. 그러나 법이 인간관계를 다 다스릴 수 없기도 하거니와 법에 의존하는 방식은 시간이 오래 걸리고 비용도 많이 들어 비효율적이다. 남에게 타인을 존중할 의무를 기대하는 것도 남의 선의에 의존하는 것이라 다른 보완책이 없는 한 불안하기는 마찬가지이다. 법의 보호나 절제된 시민의식도 중요하지만 자신의 자유는 스스로

지킨다는 권리의식이 없는 한 너와 나의 자유는 조화되기 어렵다. 시장경제에서 견제와 균형이 필요한 이유가 여기에 있다.

2. 불신맞춤형 거버넌스의 해부

상대를 무조건 믿거나 불신하는 것은 불확실성을 대하는 올바른 방법이 아니다. 거래에 부수될 위험을 직시하여 피할 것은 피하고 대비할 것은 대비하는 것이 필요하다. 배신의 위험에 제도적으로 대비함으로써 누구나 믿고 거래할 수 있도록 하는 게 불신의 제도화가 의도하는 바이다. 그러나 불신의 제도화는 생각처럼 쉽지 않다. 거래의 첫 만남이 잘못되면 배신이 보복을 낳는 악순환으로 이어지기 때문이다. 불신의 제도화가 의도하는 신뢰의 선순환이 나타나려면 거래의 첫 만남이 서로의 신뢰를 확인하는 계기가 되어야 한다.

우리 경제는 외환위기 이후 시장경제로의 전환을 시도했으나 지금까지의 성과는 실망스러운데, 그렇게 된 결정적 이유는 불신의 제도화에 실패한 데 있다. 공정이라는 시대가치를 구현할 목적으로 대대적인 제도개선을 추진했으나 관행의 개선이 뒤따르지 않다 보니 사회의 곳곳에 드리운 불신의 그림자를 걷어내기보다 오히려 불신의 그늘에 가려 불신이 불신을 낳는 불신맞춤형 거버넌스로 변질된 것이다. 우리 경제가 불신의 제도화에 실패할 수밖에 없었던 이유를 한국식 거버넌스의 역사적 변천을 통해 살펴보기로 한다.

1) 불신의 피라미드

한국은 예나 지금이나 사회 구성원 간 신뢰도가 높지 않은 불신 사회이다. 대화로 풀 문제까지 법정으로 끌고 가는 분쟁적 인간관계나 번거로운 토론 대신 일방통행식 지시를 앞세우는 권위적 조직문화는 한국 사회에 뿌리박힌 불신 풍조를 단적으로 보여준다. 상대를 믿지 못하면 까다로운 거래조건을 붙이듯이 한국의 법체계는 거래 자체를 금지하거나 허용 가능한 거래의 범위를 좁히는 '원칙 금지, 예외 허용'의 사전적 규제가 유독 많다. 비유하자면 한국의 집행 피라미드는 하단의 두 단계를 건너뛴 채 거래의 첫 만남을 의심으로 시작하는 불신의 피라미드이다. 불신을 직시하기보다 회피하고 불신을 세어하기보다 불신에 사로잡혀 있다는 의미에서 한국식 거버넌스는 불신 맞춤형 거버넌스인 셈이다. 개발연대에도 한국의 거버넌스는 불신맞춤형이었다. 한국 사회의 뿌리 깊은 불신을 치유하기보다 힘으로 덮기는 그때도 마찬가지였기 때문이다. 그런데도 한강의 기적을 이룰 수 있었던 것은 신뢰의 인간관계가 형성된 데 있는 게 아니라 어디까지나 사익 추구라는 인간의 본성을 자극했기 때문이다.

지시와 통제는 신뢰의 공백을 메울 유용한 수단이다. 특히 우리나라처럼 권위주의와 집단주의 전통이 강한 사회에서는 인간의 행동을 통제하기에 더할 나위 없이 편리하다. 그러나 지시와 통제 방식은 치명적인 단점이 있다. 타협과 설득 과정이 생략되다 보니 신뢰의 경험을 쌓을 기회가 거의 없다는 단점 말이다. 남을 배려하는 습관이 몸에 배지 않은 상태에서 사익 추구의 본능만 장려되다 보니 힘에 의존한 이기적 행동이 만연했고, 그 결과 한국인의 상호 불신은 완화되기는커녕 악화만 되었던 것이다.

1990년대 말 거버넌스의 전환을 모색한 이래 적지 않은 시간이 흘렀음에도 시장경제는 여전히 손에 잡히지 않는 무지개로 남아 있다. 제도라는 하드웨어의 개선에만 몰두한 나머지 신뢰라는 소프트웨어가 중요하다는 데까지 생각이 미치지 못한 게 주된 원인이다. 한국경제가 저성장의 늪에 빠진 이유는 제도가 잘못되어서라기보다는 한국 사회가 서로를 믿지 못하는 모래알 사회이기 때문이다. 국가경제가 발전하려면 국민 각자가 자신의 이익을 위해 최선을 다하는 것도 중요하지만, 공동의 이익을 위해 서로 믿고 협력할 줄도 알아야 한다.

2) 취약한 견제 기능

힘의 논리가 인간관계를 지배하는 사회에서는 시장 거래의 근간인 신뢰가 육성될 수 없을 뿐 아니라 견제와 균형 또한 제대로 지켜지지 않는다. 예를 들면 우리 기업의 낮은 회계 투명성이 회계규정과 같은 제도 탓만은 아니다. 기업 소유주의 독단적인 경영방식이 원인이라면 원인일 것이다. 여러 견제 장치가 있음에도 기업 소유주의 독단적 경영이 사라지지 않는 이유는 무엇인가? 사외이사나 외부감사인의 독립성이 실질적으로 보장되지 않는 것이 원인 중 하나임은 틀림없다. 달리 말하면 회계 투명성이 개선되지 않는 현상의 이면에는 견제와 균형의 문제가 자리 잡고 있는 것이다.

조직의 내부 견제도 권한의 상부 집중으로 인해 제대로 작동하기 어려웠다. 설상가상으로 외환위기 이후 이식된 성과주의 인사제도가 기존의 조직문화와 상호작용 하는 과정에서 그렇지 않아도 취약한 내부 견제 기능을 더욱 약화하고 있다. 한국인의 조직 생활은 수직적 위계와 여러 연고 집단으로 촘촘하게 둘러싸여 있다. 승진의 계단이 많기도 하거니와 승진 사다리를 타고 오르려면 연줄이 절대적으로 필요한 구조이다. 이런 상황에서 성과 위주의 인사정책이 도입되다 보니 위계가 단순히 공적인 지휘 체계의 의미를 벗어나 충성과 승진이 맞교환되는 고객·후원자 관계로 변질되었다. 그 결과 능력 중시의 조직문화 확립이라는 긍정적 효과 대신, 조직 하부의 상부 견제 기능을 약화한다는 부정적 효과가 나타났다. 물론 부패 방지를 위한 여러 제도적 장치로 인해 노골적 비리는 많이 사라졌으나 조직 내부의 묵인하에 위계를 이용한 권력형 비리가 은밀히 지속될 수 있었던 것이다.

이해당사자 간 힘의 상대적 균형은 상호 견제의 필요조건이지만 충분조건이 아니다. 힘의 상대적 균형에 더해 이해당사자 각자가 상대를 견제할 만한 충분한 힘을 가져야 상호 견제가 비로소 가능하다. 예를 들면 이해당사자 각자의 견제 능력이 약하다면 이해당사자 간 힘의 균형이 있더라도 견제 자체가 어렵다. 진정한 의미의 상호 견제는 '약 대 약의 균형'이 아닌 '강 대 강의 균형'을 말한다. 이런 점에 비춰볼 때 성과주의 인사제도는 조직의 약자에 속하는 하층부의 힘을 약화한다는 점에서 상호 견제 요건에 위배된다. 경제력 집중 억제 대책 또한 상호 견제의 원칙을 위배한 사례 중 하나이다. 대기업과 중소기업 간 상호 견제가 가능하려면 강자인 대기업의 힘을 약화하지 않은 상태에서 약자인 중소기업의 역량을 끌어올렸어야 했다. 그러나 경제력 집중 억제 대책은 강자인 대기업은 규제하고 약자인 중소기업은 보호함으로써 '강 대 강의 균형' 대신 '약 대 약의 균형'이라는 결과를 초래했다.

견제와 균형이 취약한 것이 조직에만 국한하는 것은 아니다. 행정, 입법, 사법의 삼권분립이 헌법으로 보장되지만 연줄을 기반으로 한 정실주의와 좌우의 극심한 이념갈등이 헌법기관 간 상호 견제 기능을 위협하고 있다. 삼권분립이 제대로 작동하려면 헌법 기구에 종사하는 사람들이 '공과 사'를 엄격히 구분할 수 있어야 한다. 그러나 우리나라의 경우 정실주의와 이념형 진영 논리 탓에 내 편과 네 편을 가르는 폐쇄적 집단의식이 공복으로서의 책임 의식을 대신하는 경우가 적지 않다. 상호 견제의 전선(戰線)이 '완장을 찬 자'와 그렇지 않은 자 간에 형성되기보다 내 편과 네 편을 기준으로 형성되는 것은 역할이라는 공적인 영역과 이념이라는 사적 영역을 구분하지 못하는 인식 부재가 빚은 결과이다. 정실주의와 진영논리로 인한 공과 사의 혼재 현상은 헌법상의 권력기구에만 국한하지 않고 이들을 감시할 언론과 시민단체에도 나타나고 있다. 이래저래 우리는 정치와 경제는 물론이고 사회 전반에 걸쳐 견제와 균형의 원칙이 바로 서지 않는 슬픈 현실에 직면하고 있다.

3) 무너진 삼각 균형

앞서 언급했듯이 불신의 제도화는 경제적 자유, 시민의식, 법치주의라는 시장경제의 삼각 축을 지탱하는 핵심적인 요소이다. 그런데 불행히도 우리 경제는 불신의 제도화에 실패했다. 불신과 힘의 논리가 한국 사회를 지배하다 보니 견제와 균형의 원칙이 바로 서지 않았기 때문이다. 그런 의미에서 한국식 거버넌스는 시장촉진형이 아닌 불신맞춤형으로 정의함이 마땅하다.

시장경제를 지탱하는 핵심 기제인 불신의 제도화 실패는 시장경제의 삼각 균형에 부정적 영향을 미쳤다. 우선 경제적 자유가 훼손된 상태이다. 경제적 자유는 너와 나 그리고 우리 모두의 자유가 공존하는 상황을 의미하는데 우리 사회에서 관찰되는 권력형 비리, 복지부동, 갑을관계, 과도한 규제 모두 경제적 자유가 훼손될 때 나타나는 사회병리 현상이다. 권력형 비리나 갑을관계는 자신의 안위를 위해 남의 자유를 부당하게 침해한다는 점에서, 복지부동은 무언가의 힘에 짓눌려 자유를 누릴 정당한 권리를 스스로 포기하는 행위라는 점에서 이 모두 경제적 자유에 부합하지 않는다. 과다 규제 현상 또한 허용 가능한 행위 범위를 지나치게 제한하는 것이므로 경제적 자

그림 7-2 **공적제도와 비공식제도의 부조화와 불신맞춤형 거버넌스**

〈A〉 공적제도와 비공식제도의 부조화

비공식제도	공적제도
• 긴 권력거리(위계문화) • 집단주의(연고문화)	• 경쟁: 성과주의 　　　경제력 집중 억제 • 투명성: 규제주의

사회 불신

〈B〉 불신맞춤형 거버넌스

불신의 피라미드	취약한 견제 기능
• 불신 회피 (↔ 불신 직시) • 힘의 논리 (↔ 신뢰 관계)	• 권한의 불균등 배분 • 고객·후원자 관계

〈C〉 무너진 시장경제의 삼각 축

경제적 자유	시민의식	법 치
• 권력형 비리 • 복지부동 • 갑을관계 • 규제 지상주의	• 이기주의 • 결과주의 • 연줄경쟁	• 권력형 비리 • 폐쇄적 파벌주의 • 형식주의

유와 상치되는 것이다.

　시민의식도 이상적인 상황과 거리가 멀다. 경제 구성원 모두가 선택의 자유를 누리면서 자원배분의 효율성을 극대화하려면 실력 중시의 경쟁 관행이 정착되어야 한다. 그러나 우리나라에서는 실력 경쟁이 제대로 구현되지 않는 경우가 많다. 기울어진 운동장 때문에 중소기업이 대기업과 대등한 조건에서 경쟁하기 힘든 상황이고, 조직 내부의 경쟁에서 승리하려면 능력뿐 아니라 연줄도 갖춰야 한다. 사람을 전문적 식견보다 차지하고 있는 자리로 평가하는 사회 분위기 탓에 과정의 정당성보다는 결과를 중시하는 결과지상주의와 나만의 이익을 중시하는 이기주의가 만연하고 있다. 이 모든 것은 시장경제에 필수적인 시민의식이 아직 뿌리내리지 못하고 있음을 말해준다.

법치주의의 경우도 사정은 마찬가지이다. 권력형 비리는 법치를 무너뜨리는 명백한 위법행위이고 폐쇄적 파벌주의는 위법은 아닐지라도 법 앞의 평등이라는 보편적 가치를 위배하므로 법치에 어긋난다. 보여주기식 전시행정이나 해치우기식 업무처리와 같은 형식주의 또한 위법행위라고 말할 수 없지만, 법이나 제도의 취지를 은밀한 방식으로 왜곡하는 행위라는 점에서 법치에 위배된다.

요약하면 경제적 자유, 시민의식, 법치주의라는 시장경제의 삼각 축 모두가 훼손된 상태에 있는 것이 한국식 거버넌스의 실상이며, 그 원인은 불신의 제도화를 통해 신뢰의 인간관계를 함양하기보다 신뢰 부족을 지시와 통제라는 힘의 논리로 대신한 데 있다.

제3부

무엇을, 어떻게?

제8장

역량강화를 통한 신뢰의 인간관계 회복

1. 역량강화를 통한 신뢰 회복

시장경제의 강점은 사익 추구라는 인간의 본능에 충실한 데 있다. 그런 이유에서 사익을 추구할 경제적 자유는 시장경제에 없어서는 안 될 핵심 가치이다. 그러나 한국식 거버넌스는 불신에 기초한 탓에 경제적 자유를 제대로 구현하지 못하고 있다. 권력형 비리, 복지부동, 갑을관계, 과다 규제, 파벌주의 등 여러 병리현상은 따지고 보면 사회적 불신이 초래한 경제적 자유의 억압 현상이라는 점에서 그렇다.

성장의 불씨를 되살리려면 경제적 자유를 제한하는 사회적 불신을 해소해야 한다. 그러나 신뢰는 원한다 해서 그냥 얻어지는 것이 아니다. 불신이 불신을 낳는 악순환을 끊어야 가능한 일이다. 불신의 악순환이 발생하는 일차적인 원인은 "눈에는 눈, 이에는 이"로 대변되는 행동 대 행동 원칙에 있다.

그러나 행동 대 행동 원칙은 거래의 첫 만남이 어떠냐에 따라 신뢰의 선순환을 낳을 수도 있기에 불신의 악순환을 일으키는 근본적인 원인은 아니다.

불신의 악순환을 일으키는 근본적인 원인은 '불신의 제도화'를 구성하는 두 번째 원칙인 '견제와 균형'이 바로 서지 않기 때문이다. 그러면 우리나라에서 견제 기능이 약한 이유는 무엇인가? 간단히 말하면 신뢰 부족을 힘의 구도로 대신했기 때문이다. 신뢰가 부족하다 보니 지시와 통제에 의존하게 되었고, 지시와 통제에 의존하다 보니 불균등한 권력 배분이 불가피했다. 권력의 배분이 불균등하다 보니 약자가 강자를 견제할 수 없었던 것이고, 견제 기능이 약하다 보니 약자의 경제적 자유가 침해되어 약자의 경제적 자유를 보호할 목적으로 규제가 만연하게 된 것이다.

공권력에 의한 규제가 취약한 견제 기능을 대신해 왔음을 두 가지 사례를 통해 살펴보자. 첫 번째 사례는 경제력 집중 억제 대책이다. 그동안의 경쟁 정책은 기울어진 운동장을 바로잡는다는 취지에서 경제적 강자인 대기업을 규제하는 데 초점을 맞춰왔다. 규모가 일정 수준 이상인 기업에 대해서는 소유 구조나 자산운용 등에 많은 규제가 부과되었는데, 이 규제들은 시장지배력의 남용을 막는다는 대의명분이 있어 그 자체를 문제시할 수 없다. 문제가 있다면 경제적 약자인 중소기업에 대한 보호 일변도의 정책이다. 경제적 약자라는 이유만으로 중소기업을 보호하는 데 힘쓴 결과, 중소기업이 온실 속 화초로 전락해 자생적인 경쟁력을 갖출 수 없었던 것이 문제의 핵심이다. 아무리 정부가 나서 대기업의 힘을 억제하더라도 정작 경쟁 상대인 중소기업이 힘을 키우지 못하다 보니 중소기업이 대기업을 견제할 수 없었던 것이다. 대기업과 중소기업 간 대등한 경쟁 환경 조성이라는 정책 목적을 위해서는 대기업의 힘을 약화하기보다 약자인 중소기업의 경쟁력을 키워 '강 대 강'의 균형을 맞추는 것이 더 나은 정책이었다. 그러나 실제 정책이 정반대로 흘러

가다 보니 대기업과 중소기업 간의 기울어진 운동장을 바로잡지도 못하고, 대기업에 대한 국민 불신도 불식할 수 없었던 것이다.

투명성 제고 대책도 취약한 견제를 공권력에 의한 규제로 대체한 또 다른 사례이다. 외환위기 이후 부정부패를 근절하고 더욱 투명한 조직을 만들 목적으로 대대적인 제도 개혁이 추진되었다. 그런데도 권력형 비리는 근절되지 않고 한국의 조직문화는 여전히 불투명하다. 왜 그럴까? 수직적 조직문화를 그대로 둔 채 규제 일변도로 투명성을 강제했기 때문이다.

내부의 견제 기능을 살리는 것만큼 권력형 비리를 근절하고 조직의 투명성을 높이는 확실한 방법은 없다. 이 점을 부각하고자 2019년 상반기에 세간의 화제를 모은 TV 드라마 〈열혈사제〉를 소개하기로 한다. 필자는 평소 드라마를 잘 보지 않는다. 나 살기도 힘든 판에 남의 복잡한 인생살이에 얽히고 싶지 않다는 단순한 생각 때문이다. 그런 필자가 평소의 소신을 버리고 이 드라마를 처음부터 끝까지 '본방 사수'한 이유는 드라마가 권력형 비리의 구조적 원인과 해결의 단초를 극적인 요소를 가미해 잘 묘사하고 있다고 생각했기 때문이다. 검사, 정치인, 경찰, 공무원이라는 한국의 4대 권력층으로 구성된 비리 카르텔에 맞서 싸우는 의로운 가톨릭 신부와 친구들의 영웅담을 그렸다. 드라마는 권력형 카르텔이 살인을 포함한 온갖 비리를 저지르는 전반부와 주인공 신부와 친구들이 카르텔의 악행을 응징하는 후반부로 구성된다. 권선징악을 통한 심적 카타르시스가 주된 목적이고 제도적 뒷받침 없이 약자인 주인공들의 영웅적 행동에 지나치게 의존한 한계가 있지만, 우리 사회에 던지는 메시지 또한 적지 않다고 생각한다. 전반부는 권력형 비리의 원인이 권력의 불균등 배분에 있음을, 후반부는 내부의 견제가 권력형 비리를 근절하는 가장 좋은 방법임을 보여주고 있다는 점에서 말이다.

물론 위계가 기본적으로 권력의 불균등 배분을 전제로 하는 것은 틀림없다. 소수의 상층부가 다수의 하층부를 효과적으로 제어하려면 상층부에 어느 정도 권한이 집중될 필요가 있기 때문이다. 따라서 권한의 하부위임을 주장하는 것은 지나친 권한의 상부 편중 현상을 시정함으로써 권한 배분을 적정화하자는 것이지, 위계에 내포된 권한의 상부 집중을 전면 부인하는 것은 아니다. 권력형 비리를 예방할 최선의 방안은 내부 견제를 강화하는 것이지만, 수직적 조직문화 탓에 권한이 상부에 지나치게 집중된 데에다 연줄을 매개로 위계의 상하 즉 후원자·고객 관계가 형성되면서 내부 견제가 제대로 작동할 수 없었음을 지적하고 싶을 뿐이다. 달리 말하면 조직 내의 불균등한 권력 배분을 시정해야만 위계의 상하 간 결탁을 해소할 수 있고, 그래야만 권력형 비리를 근절할 수 있었다는 것이다. 이런 점에서 투명성 정책이 실패한 이면에는 '견제와 균형'의 원칙이 바로 서지 못한 사정이 자리하고 있다.

이상의 두 가지 사례는 취약한 견제 기능을 규제로 대체할 수 없음을 말해 준다. 견제 기능을 되살리는 정공법만이 유일한 해결책이라는 것이다. 경제적 강자의 힘을 공권력에 의한 규제로 억제하기보다 경제적 약자 스스로 힘을 키워 경제적 강자와 대등하게 경쟁하고 견제할 수 있도록 여건을 조성하는 데 정책적 노력을 집중하자는 말이다. 달리 말하면 정책의 초점을 힘의 '약 대 약' 균형에서 힘의 '강 대 강' 균형으로 바꾸자는 것이다. 그러려면 위계의 상하 간에 불균등하게 배분된 힘을 재분배해야 한다. 힘의 불균형을 시정한다는 것은 단순히 권력 재배분에 그치는 것은 아니다. 더 근본적으로는 '힘의 구도'가 지배하는 사회에서 신뢰가 인간관계를 지배하는 사회로 탈바꿈한다는 것을 의미한다. 이는 우리 사회에 만연한 불신을 신뢰로 대처하라는 말로 해석되어 논리적 모순처럼 비춰질 수 있다. 그러나 인위적인 노력과 경험 축적을 통해 불신은 얼마든지 신뢰로 바뀔 수 있으므로, 불신을 신뢰로 치유하자는 주장은 결코 논리적 모순이 아니다.

권한의 하부위임을 통한 적정 배분은 두 가지 효과를 목표로 한다. 첫 번째 효과는 조직 내 견제 기능의 회복이다. 조직의 하층부가 더 많은 권한을 가지도록 함으로써 조직 상층부의 비리행위를 더 원활하게 견제할 수 있을 뿐 아니라 조직 하부의 자발적 참여를 유도해 조직 전체의 업무 내실화를 도모할 수 있다. 두 번째 효과는 위계 각층의 역량을 신장하는 효과이다. 조직의 하부는 새로 부여받은 권한을 행사하는 과정에서 역량을 키울 기회를 얻을 것이고, 조직 상부도 일상적인 업무 관련 지시에 할애하던 시간을 사업 재편이나 조직 개선과 같은 조직 상부 본연의 기획 기능에 집중할 수 있어 권한의 질적 신장을 거둘 수 있기 때문이다. 그런 점에서 권한의 하부위임은 조직 내 견제 기능의 '강 대 강' 균형을 가져오는 효과가 있다.

불신의 관계를 신뢰의 관계로 변모할 때 흔히 동원되는 수단이 '역량강화(empowerment)'이다. 역량강화는 인간에 대한 인식을 지시와 통제 대상에서 자주적 인격의 독립적 행동 주체로 바꾸는 데에서 시작한다. 달리 말하면 역량강화의 요체는 인간관계를 지시와 복종의 불신 메커니즘에서 대화와 설득을 기반으로 한 신뢰의 메커니즘으로 변화시키는 것이다. 경제주체의 역량을 강화하려면 권력의 불평등 배분을 용인하는 수직적 문화와 합리적 자아 형성을 가로막는 집단주의 문화가 수정되어야 한다. 물론 문화적 특질을 법 개정과 같은 외부적 충격으로 손바닥 뒤집듯 고칠 수는 없을 것이다. 그렇다고 문화적 특성을 숙명처럼 받아들이는 것 또한 한국경제가 당면한 난제들을 외면하는 것과 매한가지여서 대안이 될 수 없다. 쉽지는 않겠지만 한국 사회의 문화적 제약을 극복해야 한다. 그러려면 불신맞춤형 거버넌스에서 시장촉진형 거버넌스로의 이행을 돕는 과도기적 거버넌스가 필요한데, 역량강화가 과도기적 거버넌스의 핵심이라는 점에서 역량강화형 거버넌스(empowerment governance)로 부르고자 한다. 역량강화형 거버넌스는 한국 사회의 문화적

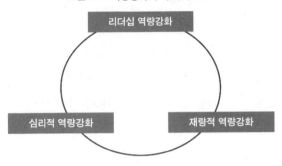

그림 8-1 **역량강화의 세 가지 요소**

리더십 역량강화

심리적 역량강화   재량적 역량강화

특성을 단기간에 바꿀 수 없는 현실을 인정하면서도 불신맞춤형 거버넌스의 단점을 최소화하면서 시장촉진형 거버넌스의 장점이 최대한 발현되도록 공적제도와 비공식제도(관행)의 병행 개선을 모색하는 과도기적 성격의 거버넌스이다. 달리 말하면 짧은 권력거리와 개인주의라는 서구형 조합으로 우리 사회의 문화적 기저를 질적으로 탈바꿈하는 것이 궁극적 목표라는 점에서 시장촉진형 거버넌스와 궤를 같이하지만, 긴 권력거리와 폐쇄적 집단주의라는 전통적 조합이 엄연히 존재하는 현실을 인정하고 그 단점을 최소화하는 방향으로 우리 사회의 문화적 특성을 점진적으로 고치는 것이 역량강화형 거버넌스의 핵심이다.

그렇다면 역량강화형 거버넌스는 구체적으로 어떤 모습을 띠어야 하는가? 그러려면 역량강화의 의미부터 이해할 필요가 있다. 관련 문헌에 따르면 역량강화에는 세 가지가 필요하다(Fock et al., 2013: 282~283). 첫 번째 구성 요소는 조직의 구조와 관련되는 것으로 조직의 하층부가 더 많은 재량권을 행사할 수 있도록 권한을 조직의 하부에 위임(devolution)하는 것을 골자로 한다. 그런 점에서 재량적 역량강화(discretion empowerment)라고 부른다. 두 번째 구성 요소는 심리적 역량강화(psychological empowerment)로서 동기유발을 통해 조직 구성원의 업무 태도에 긍정적 영향을 미치는 것을 목표로 한다. 심리적 역량강화가 지향하는 바는 조직 구성원 각자가 자신이 맡은 일이 의미가 있다고 느끼고, 그 일을 해낼 수 있다는 자신감을 가지며, 자신이 일을 통해 조직의 발전에 기여한다고 느끼도록 하는 것이다. 세 번째 구성 요소는 리더십 역량강화(leadership empowerment)라 불리는데, 앞선 두 구성 요소가 효과적이려면 역량강화에 대한 지도층의 전폭적인 지원은 물론이고 조직 구성원 전체에 대한 지도층의 신뢰가 불가결하다는 점에서 강조되고 있다. 요약하면 역량강화는 권한의 하부위임을 통해 조직의 하층부가 독자적으로 업무를 수행할 수 있도록 함과 동시에 부여된 재량권을 주도적으로 추진할 수 있도록 동기를 유발하는 한편, 역량강화를 지도층이 전폭적으로 지원하고 신뢰함을 의미한다고 하겠다.

2. 역량강화의 의의

불신맞춤형 거버넌스로부터의 탈출 수단으로서 역량강화가 가지는 의미는 무엇인가? 현재 한국 사회나 경제가 처한 현실에 비춰 역량강화가 필요한 이유를 몇 가지로 정리해 보았다.

1) 역량강화는 불신의 악순환을 차단하는 효과가 있다

역량강화는 권한의 하부위임과 동기부여를 통해 조직 구성원 각자가 주도적으로 업무에 임하도록 북돋우는 것을 목표로 한다. 즉 역량강화는 조직 구성원 각자가 맡은 바 일을 주도적으로 처리할 능력이 있다고 믿는 데서 출발한다. 따라서 역량강화의 성패는 조직 구성원 간 신뢰 구축 여부에 달려 있다. 문제는 신뢰가 하루아침에 형성되는 게 아니라는 것이다. 그렇지만 어렵다고 마냥 포기하고 있을 수만은 없다. 한국의 거버넌스가 진정한 의미의 시장촉진형 거버넌스로 거듭나려면 사회적 불신을 치유해야 하기 때문이다. 이 점은 우리나라의 과다 규제 문제가 우리 사회에 만연한 불신 풍조에서 기인한다는 앞의 분석을 상기하면 자명해진다.

신뢰는 상대방이 있기 마련이어서 자신의 신뢰행위가 상대방의 상응하는 행위로 이어지지 않을 위험성을 내포한다. 그러기에 누군가가 먼저 배신의 위험을 무릅쓰고 신뢰 구축에 나서야 한다. 이 점은 불신의 제도화를 구성하는 첫 번째 원칙인 행동 대 행동 원칙이 거래의 첫 만남이 어떠하냐에 따라 신뢰의 선순환으로 연결될 수도, 불신의 악순환으로 연결될 수도 있음을 상기하면 자명해진다. 누군가가 솔선수범하여 용서의 첫걸음을 내딛어야 보복의 악순환을 멈추고 화해의 선순환을 시작할 수 있는 것이다. 아무래도 권한을 가진 지도층이 용서와 화해의 물꼬를 틔우는 게 순리일 것이다. 그래야 지도자의 진정성을 느껴 신뢰의 리더십에 동참할 부하 직원들이 나타날 수 있기 때문이다.

물론 그 과정이 말처럼 쉽지는 않다. 그렇지만 버스정류장에서 줄을 선 순서대로 버스에 탑승하는 성숙한 질서의식이 외부의 강압에 의해서라기보다는 누군가의 작은 실천에서 시작되는 것처럼 창대한 변화는 작은 실천에서 시작되는 법이다. 불신은 숙명처럼 극복하지 못할 대상이 아니다. 애덤 스미스는 그의 저서 『법학강의(Lectures on Jurisprudence)』를 통해 상거래가 발달하는 과정에서 국민의 질서의식이 개선될 것이라는 낙관적인 견해를 밝힌 바 있다. 그의 예견대로 18세기 후반의 영국인은 그 당시 선진국이었던 네덜란드인보다 질서의식이 부족했지만, 오늘날의 영국인은 영국하면 '신사도 정신'을 떠올릴 정도로 높은 수준의 질서의식을 가지고 있다. 우리나라도 마찬가지이다. 비록 다른 사람을 쉽게 믿지 못하는 게 한국의 현실이지만, 신뢰의 경험을 차곡차곡 쌓아나가다 보면 언젠가는 서구 사회 못지않은 신뢰 사회로 발전하리라 믿는다. 그리고 그 시작은 역량강화에서 찾아야 할 것이다.

2) 역량강화는 현장을 살리는 지름길이다

인생을 살다 보면 좋은 때도 있고 나쁠 때도 있다. 기업도 마찬가지이다. 한동안 잘 나가던 기업이 어느 순간 매출이 가라앉는 위기의 순간을 맞이하는 경우는 흔하다. 위기를 맞이한 기업이 제일 먼저 하는 것은 경영실패의 책임을 지워 최고경영자를 해고하는 것이고, 그다음으로 하는 것이 방만해진 사업 영역을 새로운 리더십하에 핵심사업 위주로 재편하는 한편, 기업경영의 최일선인 현장을 강화하는 것이다.

대형 홈인테리어 매장을 운영하는 홈디포(The Home Depot Inc.)의 위기극복 사례는 현장의 중요성을 새삼 되새기게 한다. 홈디포는 1978년 창업한 이래 우수한 고객서비스를 강점으로 20여 년간 고속 성장을 구가했으나, 2000년 창업주의 은퇴를 계기로 새로 들어선 경영진이 창업주의 감성경영을 대신해 과학경영을 내세워 지시와 통제를 기반으로 한 경영 원칙을 세웠으나 결과는 시가총액이 절반으로 쪼그라드는 위기를 맞았다. 이 위기의 가장 큰 이유는 추락한 고객만족도였고 그렇게 된 원인은 현장 인력의 재량권을 축소하고 원가절감을 위해 양질의 고객관리 직원을 염가의 비정규직 직원들로 대거 교체한 데 있었다. 홈디포가 회생의 전기를 맞이한 것은 2007년이었는데 그 비결은 우수한 고객서비스와 현장 직원 중시라는 창업 정신을 되살린 데 있었다.

기업의 위기 극복 사례는 국가경영에도 귀중한 교훈을 준다. 장기간 장사가 되지 않으면 경영방식에 근본적인 문제가 없는지 살피는 것이 기업경영의 상식이듯이 한 나라의 경기가 오랜 기간 좋지 않다면 국가경영의 거버넌스에 무슨 문제가 없는지를 원점에서 다시 검토함이 마땅하다. 인허가 업무를 담당하는 일선 공무원의 복지부동이 기업의 혁신 노력에 걸림돌로 작용하고 있다는 것이 수도 없이 지적되었다. 경제 문제는 아니지만 세월호 사고, 살충제 계란 파동, 제천 화재 사고 등 연이어 터지는 인재성 사고도 안전점검 업무를 담당하는 공무원의 개인적 일탈로 치부함으로써 문제를 해결할 수는 없다. 사고 재발을 막으려면 최일선에서 국민을 접하는 공무원들이 왜 복지부동과 무사안일의 늪에 빠지는지에 대한 구조적 이해가 선결되어야 한다. 앞서 잠깐 언급했지만 공무원의 복지부동이나 무사안일은 공무원들의 주인 의식과 불가분의 관계가 있으며, 이를 해결하려면 공무원이 소신껏 일할 수 있는 여건을 조성할 필요가 있다는 것이 필자의 견해이다.

3) 역량강화는 법과 관행의 불일치를 해소하는 데 도움이 된다

관료주의와 사내 정치에 찌든 기업이 잘 나가기는 힘들다. 한때 IT 업계의 최강자로 군림하다가 2002년을 기점으로 장기침체에 빠졌던 마이크로소프트사가 딱 그런 경우였다. 목표에 집착하는 엄격한 성과관리 시스템은 관리자가 너무 많은 시간을 직원 평가에 쓰도록 하여 경영의 비효율을 낳았고, 직원 개개인을 고성과 등급과 저성과 등급으로 구분하는 획일적 상대평가 시스템은 직원들이 공동 작업과 정보교환을 꺼리게 했다. 그 결과 관료주의와 사내 정치가 날이 갈수록 기승을 부렸고 직원들의 불만도 쌓여만 갔다.

마이크로소프트사가 회생의 전기를 맞이한 것은 2014년에 취임한 사티아 나델라(Satya Nadella) 회장의 새로운 경영방식 덕이었는데 그 비결은 의외로 단순하다. 상대평가를 자율평가로 바꾸고 개인 성과보다 팀워크를 강조함으로써 사내 문화를 개선한 것이 비결이었다. 그런 점에서 마이크로소프트사의 회생은 역량강화의 중요성을 일깨우는 귀중한 사례라고 할 수 있다.

지금 우리 사회가 처한 상황도 2014년 이전 마이크로소프트사의 상황과 비슷하다. 조직원 개개인의 성과를 강조했으나 성과 경쟁이 긴 권력거리와 어우러져 연줄을 매개로 한 폐쇄적 파벌이 더욱 공고해지면서 연줄이 출세에 없어서는 안 될 정치 우위의 사회가 된 것이다. 다른 한편으로 밀실담합형 부정부패를 막고자 업무 절차의 투명성을 높이는 여러 규제 장치가 들어서고 결과 위주의 업무평가가 만연하면서 복지부동과 책임 전가 등 여러 병리 현상이 한국의 조직 생활 곳곳에 스며들었다. 경쟁을 강화하고 투명성을 높이는 방향으로 공적제도가 개선되었으나 연줄을 기반으로 한 폐쇄적 파벌과 복지부동 및 책임 전가 탓에 연줄경쟁과 눈치경쟁이 실력경쟁을 대신했고, 연줄을 매개로 한 출세와 충성의 맞교환이 관행화됨으로써 은밀한 형태의 권력형 비리에 대한 내부 감시가 어려워졌다. 이 모든 요인이 한데 어우러진 결과가 법과 관행의 불일치 현상이다.

그런 점에서 마이크로소프트사가 회생의 전기를 마련한 비결에 주목할 필요가 있다. 마이크로소프트사의 극적인 회생 경험은 역량강화야말로 한국식 거버넌스에 만연한 정치 우위 현상과 복지부동 문제를 치유하고, 나아가 공적제도의 보편적 적용을 담보하는 최선의 방안임을 말해주고 있다.

4) 역량강화는 경제의 역동성을 되살리는 데 도움이 된다

경제가 활력을 유지하려면 혁신적 기술과 아이디어로 무장한 신생기업이 시장에 끊임없이 등장해야 한다. 그러나 대기업과 중소기업 간 생산성 격차는 날로 커지고 있고, 성장 사다리를 타고 대기업으로 승격하는 중소기업은 눈을 씻고 보아야 겨우 보일 정도이다. 중소기업 육성은 필자가 대학생이던 1980년대에도 중점 정책과제였다. 그러나 그로부터 40여 년이 흐른 오늘날에도 여전히 해결되지 않은 난제로 남아 있다. 오랜 기간 문제가 해결되지 않았다는 것은 지금까지의 접근방식이 잘못되었음을 시사한다. 무엇이 잘못되었을까? 필자는 그 원인을 대기업은 규제하고 중소기업은 보호하는 경제력 집중 억제 대책에서 찾았다. 보호에 치중하다 보니 중소기업을 온실 속 화초로 만들었다는 것이다. 달리 말하면 지금까지의 중소기업 정책은 중소기업의 역량강화에 실패했다는 의미이다.

물론 경제력 격차가 현저한 상태에서 중소기업이 자력만으로 대기업과의 경쟁에서 살아남기는 쉽지 않다. 그렇지만 보호 일변도의 정책도 해결책이 될 수 없다. 시장을 중소기업용 시장과 대기업용 시장으로 구분하는 중기적 합업종 지정도 근본적 해결책은 될 수 없다. 중소기업을 보호하는 효과가 있을지 모르지만 중소기업 스스로 자생력을 갖추도록 하는 유인이 없기에 성장 사다리를 걷어차는 것과 매한가지 결과를 낳기 때문이다. 이 점이 체급별로 성장 사다리가 따로 형성되는 권투경기와 다른 점이다. 권투선수의 성장은 체급 내 랭킹 사다리를 따라 이뤄지지만 기업의 성장은 말 그대로 매출 신장과 이윤 증가 등 규모의 신장을 의미하기에 성장하려면 체급을 거스르는 수밖에 없다. 이 점이 시장경쟁이 권투시합과 본질적으로 다른 이유이다.

그렇다고 대기업과 중소기업 간 경제력 격차가 해소되지 않은 상태에서 중소기업 문제를 전적으로 자유방임에 맡기는 것도 해결책은 아니다. 좀 더 현실적인 방안은 보호 일변도에서 벗어나 보호와 육성을 병행하는 방향으로 중소기업 정책을 바꾸는 것이다. 예를 들면 규모의 경제가 크지 않은 전통산업에 속한 중소기업은 지금처럼 보호하되 규모의 경제가 큰 혁신산업의 경우에는 창업 후 일정 기간만 보호를 허용하고 그 이후에는 성과에 비례해 차등 지원하는 방안을 생각할 수 있다. 이는 치열한 경쟁에서 성과를 보인 기업을 우선 지원한 개발연대 산업정책의 정신을 계승하는 효과가 있다고 하겠다.

3. 독일의 군사개혁과 역량강화의 성공 요소

경제 구성원 각자의 역량을 높이는 것은 조직 전체의 역량을 높이는 데 필요조건이지만 충분조건은 아니다. 조직 구성원 개개인의 역량을 체계적으로 통합할 수 있어야 비로소 조직 전체의 역량이 높아지는 것이다. 달리 말하면 조직 전체의 역량강화는 미시적 자율을 토대로 거시적 통일성을 기할 수 있어야 가능하다는 말이다.

미시적 자율성과 거시적 통일성이 동시에 만족되어야 조직의 생산성을 높일 수 있다는 것은 기업경영 사례에서 잘 나타난다. 예를 들어 윤세준·채연주(Yoon and Chae, 2012)가 한국과 일본의 기업경영 성과를 비교·분석한 결과에 따르면 권한의 하부위임과 조직의 통일성이라는 두 가지 상호 모순적 조직혁신 목표를 동시에 달성한 기업의 경우 혁신성뿐 아니라 비용 절감, 서비스 질 개선 등 효율성 측면 모두에서 그렇지 않은 기업에 비해 나은 성과를 보였다. 그러지 못한 경우에는 지시와 통제에 치중한 기업의 성과가 그

그림 8-2 **역량강화의 성공 요소**

나마 나은 편이었고, 권한의 하부위임을 추구했으나 조직의 통일성을 기하지 못한 기업은 아무런 혁신 조치를 취하지 않은 기업에 비해 별반 나은 성과를 보이지 못했다. 이는 분권형 조직혁신이 결코 쉬운 과제가 아님을 의미한다. 윤세준·채연주(2012)의 조사 대상 기업 중 4분의 1만이 권한의 하부위임과 통일적 통제 시스템을 통해 기업의 경영성과를 개선할 수 있었다는 것이 분권형 조직혁신이 결코 쉬운 과제가 아님을 입증한다고 하겠다.

역량강화의 어려움은 기업경영에서보다 국가경영에서 더 극명하게 나타난다. 1980년대 이후 개발도상국들을 중심으로 국가경영 방식을 중앙집중형에서 분권형으로 바꾸는 개혁이 활발히 추진된 바 있는데 분권형 개혁이 겨냥한 역량강화 효과가 나타난 성공 사례는 의외로 많지 않았고, 그나마 성공 사례들도 국가 전체를 대상으로 한 것이라기보다는 특정 지역에 국한된 경우가 대부분이었다. 왜 이런 결과가 나타났을까? 분권형 개혁이 소기의 성과를 거두지 못한 이유는 나라마다 달라 간략하게 정리하기 힘들지만, 대체로 중앙 엘리트들의 정치적 저항 등으로 진정한 권한이양이 이뤄지지 않았거나 권한이 이양되었더라도 지방정부의 무능과 부패 문제를 방치한 상태에서 추진되면서 권한이나 자원이 공공의 이익보다 소수집단의 사적이익을 위해 낭비된 것이 주된 원인이었다. 이는 자율성을 높이는 것 자체가 말처럼 쉽지 않을 뿐 아니라 자율성이 공공의 이익으로 연결되려면 자율에 대한 효과적인 통제 시스템이 구비되어야 함을 의미하는 것이다.

결국 분권형 개혁에 성공한 사례가 많지 않음은 경제 구성원의 자율과 경제 전체의 통일성 유지라는 두 가지 상반된 가치를 동시에 만족시키기가 생각만큼 쉽지 않음을 잘 보여준다. 이는 아무래도 이익공동체인 기업과는 달리 국가의 경우 이해관계를 달리하는 계층들이 복잡하게 얽혀 있어 분권(decentralization)과 통합(unity)을 조화하기가 그만큼 더 어려웠던 게 원인일 것이다. 그렇다고 역량강화를 포기할 수는 없는 노릇이다. 쉽지는 않지만 역량강화에 성공한 사례가 없지 않고, 일단 성공하면 그 혜택이 엄청나기 때문이다. 문제가 어려우면 역사에서 비슷한 고민을 한 사례를 참고하는 것이 시행착오를 줄이는 데 도움이 된다. 그런 취지에서 역량강화형 거버넌스의 전형으로 19세기 초 독일의 프로이센(Preussen)이 단행한 군사개혁을 소개하고자 한다(박진수, 2019.5.24).

프로이센이 군사개혁에 나선 시기는 나폴레옹이 이끄는 프랑스와의 전쟁(1806)에서 크게 패배한 직후였다. 당시 프로이센군은 유럽 최강으로 평가되었으나, 시대에 뒤떨어진 전술과 매너리즘에 빠진 무능한 군 지도부 탓에 나폴레옹이라는 천재적 군사 전략가가 이끄는 프랑스군의 상대가 되지 못했다. 프로이센의 군사개혁은 권한의 하부위임을 통해 분권형 지휘 체계를 확립하고 능력 있는 장교단을 양성하는 데 초점을 맞추고 있었다. 이는 일선 지휘관의 권한을 강화함으로써 수시로 변하는 전장 상황에 대한 일선 지휘관의 적응력을 높이는 것을 주된 목적으로 했는데, 후일 프로이센군의 전투력을 비약적으로 향상하여 1871년 독일통일에 기여했다.

프로이센군이 채택한 권한의 하부위임 방식은 목표와 취지만을 명령에 담고, 달성 방법은 하위 부대 지휘관에게 위임하는 것이다. 이를 임무형 전술(auftragstaktik)이라 하는데 구현하기가 생각만큼 쉽지 않다. 왜냐하면 수동적인 자세가 하루아침에 고쳐지지 않을 뿐 아니라 하위 부대의 자주적 행위를 유기적으로 연결해 군 전체의 통일성을 유지하는 것 역시 어렵기 때문이다. 지금까지 임무형 전술을 시도한 나라는 많았으나 정착에 성공한 나라는 독일과 이스라엘에 불과하다는 것이 이를 입증한다.

독일의 군사개혁이 성공한 것은 권한의 하부위임이 행정행위에 그치지 않고 조직문화로 체질화되도록 여러 보완적 대책을 촘촘히 배치한 독일인 특유의 치밀함 덕분이었다. 달리 말하면 앞에서 소개한 세 가지 유형의 역량강화를 유기적으로 결합할 수 있었던 것이 군사개혁의 성공 비결이라 하겠다.

1) 재량적 역량강화

독일 군사개혁의 핵심은 임무형 전술을 통한 분권형 지배구조를 확립하는 데 있다. 상급자가 하급자에게 명령을 하달할 때 명령의 목표와 의도만을 포함하고 목표를 어떻게 달성할지는 전적으로 하급자의 재량에 맡기는 게 골자인 임무형 전술은 하급자의 재량을 넓히는 것이 목적이었다.

2) 심리적 역량강화

명령을 수동적으로 따르던 사람이 권한을 받았다고 어느 날 갑자기 주도적으로 행동하기는 쉽지 않다. 주도적 행동은 자신이 맡은 일을 제대로 수행할 수 있으리라는 자신감이 있어야 가능한데, 그러려면 권한의 하부위임과 함께 심리적 역량강화가 더해져야 한다.

독일의 군사개혁은 심리적 역량강화를 목적으로 하는 여러 보완적 장치를 두었다. 우선 군인에 대한 인식을 관리 대상에서 자주적 인격체로 바꾸었다. 이를 위해 군대 내 일체의 태형을 금지함으로써 직위 고하를 막론하고 모든 군인을 인격체로 대접할 것임을 대내외에 천명하는 한편, 장교직의 문호를 열어 귀족이 아닌 평민도 장교가 될 수 있도록 했다. 아울러 능력 위주의 장교 선발 및 승진제도를 도입하고 인문적 소양을 갖춘 리더를 양성한다는 취지에서 사관학교의 교과과정에 인문학을 포함했고, 평소 정신교육을 통해 말단 지휘자조차 지도자로서의 책임을 강조하고 실전 모의훈련을 통해 가변적인 상황에서 주도적인 판단을 할 수 있는 능력을 배양하도록 했다.

3) 리더십 역량강화

독일의 군사개혁은 군대의 체질을 바꾸는 것이어서 단기간에 완성될 것이 아니었다. 전통에서 벗어난 개혁 조치들에 대한 내부의 반발이 컸음은 물론이다. 프랑스 등 주변국과 치른 일련의 전쟁에서 모두 승리한 1870년경에 이르러서야 내부 반발이 수그러들었으니 군사개혁이 정착되기까지 약 60년이 걸린 셈이다. 중요한 점은 개혁적인 인사가 연이어 군 수뇌부에 임명됨으로써 개혁의 동력이 유지될 수 있었다는 것이다. 이런 점에서 군 통수권자인 프로이센 왕들의 공헌이 적지 않았다.

아울러 분권형 지휘 체계가 관행으로 정착되도록 제도화하는 노력도 게을리하지 않았다. 우선 상벌 제도를 적극 활용해 하급자들이 실패를 두려워하지 않고, 주어진 권한을 주도적으로 행사하도록 장려했다. 전투 상황이 예상과 다른 방향으로 전개되어 하급자의 주도적 행동이 필요했음에도 상급자의 명령을 기다리느라 아무런 행동을 하지 않는 경우에는 처벌한 반면, 상급자의 명령과 상반된 행동을 하여 그 결과가 좋지 않더라도 상황이 본질적으로 변했거나 상급자와의 연락이 두절되었거나 신속한 의사결정이 불가피했던 것으로 판단되면 상급자의 의도를 따른 것으로 간주해 처벌하지 않았다. 또한 교육훈련을 통해 상급자와 하급자가 공동의 사고체계와 행동양식을 공유하도록 함으로써 하급자의 재량적 행위가 상급자의 의도와 조화되도록 했다. 상관과 부하 간에 경험을 공유하도록 초급장교의 경우 임관 전에 일정 기간 사병 생활을 하도록 했고, 모든 지휘관들이 자신보다 한두 단계 높은 지위의 전술을 배우도록 함으로써 명령의 취지를 이해하는 데 어려움을 없애고자 했다.

이렇듯 독일의 군사개혁이 성공한 이유를 한마디로 정리하면, 자율과 통일이라는 두 가지 상반된 가치를 동시에 구현했다는 것이다. 한편으로는 군대 하층부의 자율권을 크게 높임으로써 군대 구성원 모두가 각자의 역량을 신장할 수 있는 여건을 만드는 한편, 군대 구성원 모두가 한 몸처럼 움직일 수 있도록 군대라는 조직 전체가 추구하는 가치를 공유하고, 위계의 상하좌우를 관통하는 효율적인 의사소통망을 구축한 것이 주효했다.[1]

경제와 관련 없는 군대 문제를, 그것도 최근이 아닌 먼 옛날에 지리적으로도 먼 유럽에서 일어난 일을 여기서 굳이 소개하는 이유는 무엇인가? 그것은 독일의 군사개혁이 기본적으로 역량강화를 통한 거버넌스였다는 점에서 역량강화형 거버넌스 개혁이 절실한 한국경제에 시사하는 바가 적지 않다고 생각했기 때문이다. 그러면 우리는 독일의 군사개혁에서 어떤 교훈을 얻을

---

[1] 의사소통에 대한 독일군의 집착은 제2차 세계대전 초 독일군의 모든 전차에 무선통신 장치를 설치한 데서 잘 드러난다. 이는 전차의 대규모 집단 운용을 위해서는 전차 간 의사소통이 필수적이라는 독일군 수뇌부의 판단에 따른 것이다.

수 있을까? 세 가지로 정리해 보았다.

첫 번째 교훈은 거버넌스의 개혁이 성공하려면 법과 관행 모두의 개혁이 필요하다는 것이다. 독일의 군사개혁은 권한의 하부위임을 골자로 하는 임무형 전술이 핵심이지만 개혁이 권한의 하부위임이라는 행정행위에 그치지 않고, 능력 위주의 인재 선발은 물론이고 모의훈련을 통한 역량강화, 정신교육과 위계의 상하 간 의사소통 활성화를 통해 조직 가치의 공유 등 여러 보완 조치들로 관행을 개선하는 것을 게을리하지 않았기에 성공할 수 있었다.

두 번째 교훈은 관습이나 문화 또한 바뀔 수 있다는 것이다. 국민개병제를 도입하고, 사병에 대한 태형을 금지했으며, 장교 양성 프로그램에 군사학 이외에 인문학을 포함하는 등의 조치들은 지금의 시각에서 보면 지극히 당연하지만 국방의 의무나 인권에 대한 개념이 아직 확고하게 뿌리내리지 않은 당시 상황에서는 군대 문화를 전면 수정하는 상당히 파격적인 조치였음이 분명하다. 따라서 군대 내부의 반발이 거셌음은 당연하다. 독일 통일의 토대가 된 프로이센프랑스전쟁(1870~1871) 이후에야 군사개혁에 대한 내부 반발이 진정되었으니 군사개혁이 시도되어 뿌리내리기까지 60여 년이 걸린 셈이다. 문화나 관행은 비록 쉽지는 않지만, 인내심을 가지고 꾸준히 추진하면 얼마든지 바뀔 수 있음을 독일의 군사개혁이 보여준 것이다.

세 번째 교훈은 자율이 거버넌스 개혁의 핵심이라 하더라도 변화는 아래가 아닌 위로부터 시작되어야 한다는 것이다. 아래로부터의 개혁은 그 속성상 권한의 쟁탈을 전제로 하는 것이기에 갈등을 유발하기 쉬운 반면, 위로부터의 개혁은 상층부의 자발적인 권한 양도로 시작하므로 개혁의 과정이 순탄할 수 있기 때문이다.

4. 한국의 조직문화는 바뀔 수 있는가?

지시와 통제에 익숙했던 사람이 권한을 새로 부여받았다고 해서 어느 날 갑자기 능동적인 사람으로 변하기는 어렵다. 다른 사람의 도움 없이 문제를 스스로 해결할 자신이 없어서일 수도 있고, 주도적 권한 행사의 경험이 없다 보니 막상 무엇을 어떻게 해야 할지 막막하게 느껴져서일 수도 있다. 권한의 하부위임이 주도적 권한 행사로 이어지려면 조직 구성원 각자가 자신의 능력을 믿고 자신만의 방식대로 소신껏 일을 처리할 수 있도록 어느 정도 재량이 허용되어야 한다. 재량을 허용함은 생각의 차이를 인정하는 것이다. 목적지에 이르는 길이 하나가 아니듯이 목표를 달성하는 방법도 여러 가지이므로 사람에 따라 선택이 다를 수 있음을 인정해야 재량권을 허용할 수 있다. 재량의 필요성은 불확실성이 높아 선택의 결과가 가변적인 상황일수록 커진다. 권한의 하부위임은 현장 인력이 시시각각 변하는 현장 정보에 기민하게 대응하도록 선택 가능한 행동 범위를 넓히는 것이 골자이다. 이 점은 독일 군사개혁의 핵심인 임무형 전술이 명령을 하달할 때 명령의 목표와 취지만 명시할 뿐 목표를 어떻게 달성할지는 부하의 재량에 일임한 데에서 잘 드러난다.

결국 조직 하부의 자율을 높이려면 같은 사안을 두고 해석과 판단이 사람마다 다름을 당연하게 여기는 다원적 조직문화가 필요한데, 문화의 다원성은 조직 구성원 모두를 합리적 판단 능력을 가진 독립적 인격체로 존중하는 분위기가 전제되어야 비로소 가능하다. 이런 점에서 다원적 조직문화는 집단주의보다는 개인주의와 궁합이 맞다. 그렇다면 집단주의적 색채가 강한 한국에서 다원적 조직문화가 가능한가? 지금은 아니지만 적절한 역량강화가 병행된다면 얼마든지 가능하다고 생각하는 게 필자의 견해이다.

한국의 문화는 집단주의적 특성이 강하다(박혜경·김상아, 2018). 처음 사람을 만나면 맨 먼저 나이를 물어보고, 그다음 출신 지역과 학교, 직장과 직위 등 사회 내 서열과 관련된 정보를 캐묻는다. 나와 같은 그룹에 속하는지를 먼저 알아보아, 그렇다면 내가 위인지 아니면 상대가 위인지 서열을 정하는 이유는 같은 편이면 경계의 벽을 낮출 심산이기 때문이다. 여기서 인성이나 식견 등 사람 개개인에 관한 정보는 부차적인 고려 사항일 뿐이다. 이런 식의 정보 캐기가 업무상의 만남에서조차 중요한 이유는 바로 여기에 있다.

집단주의 문화에서는 튀는 행동이나 생각은 단합을 해치는 것으로 간주되어 '왕따'의 대상이 된다. 공무원이면 외제 차를 몰면 안 되고, 조폭으로 오해받기 싫으면 삭발하면 안 되는 등 하지 말아야 할 행동이 우리 사회에는 너무 많다. 세상의 통념이나 진영논리에 어긋나는 생각을 말했다가는 악성 댓글에 시달리거나 배신자로 낙인찍히기 십상이어서 의사표현에도 많은 제약이 따른다. 조직 생활에서도 횡적인 관계에서는 튀는 행동을 삼가야 하고 상하관계에서는 내 편인지 아닌지를 눈치껏 잘 따져야 살아남을 수 있다. 이처럼 무색무취와 눈치가 출세를 결정하는 세상에서 누가 다름과 소신을 실천하겠는가?

현재의 한국 조직문화는 다원성과는 거리가 멀다. 그렇다고 다원적 조직문화의 가능성이 완전히 닫힌 것은 아니다. 한국인의 마음에는 집단주의 성향이 강하긴 하지만, 개인주의적 특성도 있기 때문이다. 한국인은 "사돈이 땅을 사면 배가 아플" 정도로 경쟁심이 유별나 부자가 되거나 출세할 수 있다면 온갖 수고를 마다하지 않는다. 혹자는 이를 두고 해방 이후 유입된 서구적 개인주의 가치관이 전통적 집단주의 가치관과 혼재되는 과정에서 나타난 가치관의 혼란으로 해석하기도 한다(이경희, 2010). 그러나 개인주의와 집단주의의 혼재를 나쁘게만 볼 것은 아니다. 잘만 조합하면 두 문화의 장점만을 살려 더 나은 결과를 만들 수 있으므로, 보기에 따라서는 희망의 가능성을 시사하는 것일 수도 있다. 물론 지금 당장은 아니다. 한국에 다원적 조직문화가 정착할 수 있다는 필자의 생각은 이러한 가능성을 고려한 결과이다.

그렇다면 어떻게 해야 다원적 조직문화를 만들 수 있을까? 결론부터 말하자면 이중 가치체계의 그늘에 가려진 한국인의 개인주의 성향을 양성화하는 것이다. 흔히들 개인주의를 이기주의와 혼동하는 경향이 있는데, 이는 잘못된 것이다. 개인의 영어 표현 'individual'은 더 이상 나눌 수 없는 최소 사회단위의 의미가 있다. 따라서 개인주의는 최소 사회 단위인 개인의 주권을 우선시하는 가치체계이다. 여기서 중요한 것은 개인이 '나(ego self)'뿐 아니라 '너'와 제3의 누군가를 모두 아우르는 개념이라는 점이다. 개인주의가 이기주의와 차별화되는 것은 개인주의 사회에는 '나'뿐 아니라 '너'와 제3의 '누군가'가 존재하고, 이 모두를 독립적인 주권을 가진 'self'로 인식하는 데 있다. 따라서 내가 자유롭게 생각하고 소신대로 행동할 '권리' 못지않게 타인이 같은 권리를 누리도록 존중할 '의무'도 강조된다. 달리 말하면 개인주의는 상당한 수준의 덕성을 요구한다.

그래서인지 몰라도 집단주의 사회보다 개인주의 사회에서 사람에 대한 신뢰도가 전반적으로 높고, 신뢰의 반경도 가족이라는 일차집단을 넘어서는 경향을 보인다(Realo and Allik, 2008). 개인주의 사회일수록 사적 이해관계나 인연에 기초한 폐쇄적 집단 활동 대신 공공의 가치를 추구하는 개방적 사회참여가 더 활발한 것(Uslaner and Conley, 2003)도 따지고 보면 사람에 대한 신뢰가 높아 가능한 현상이다.

한국인의 마음에 개인주의적 성향이 있음은 그 자체로 문제가 되지 않는다. 자신의 안위를 우선시하는 것은 인간의 본능이기에 존중받아야 한다. 문제는 한국인의 개인주의적 성향이 남도 배려하는 진정한 의미의 개인주의가 아닌 '내로남불'식 이기주의라는 데 있다. 자신의 행위에 대해서는 한없이 관대하지만, 정작 남의 행위에 대해서는 엄격한 잣대를 들이미는 이중적인 사고가 우리를 지배한다. 이처럼 나와 남을 대하는 기준이 다른 가장 근본적인 이유는 집단주의적 가치가 우리 내면의 개인주의저 본능을 익누르기 때문이다. 사람이 어떤 행동을 할 때 위법은 아니더라도 남에게 굳이 알리고 싶지 않은 자신만의 특수한 사정이 있을 수 있으나, 집단주의 사회에서는 이것이 외면되기 일쑤이다. 그 결과 자신이 했을 때는 용인될 행위가 남이 했을 때는 그렇지 않다.

한국인의 개인주의 성향을 양성화하자는 것은 사회 구성원 각자가 남의 눈치를 덜 보는 사회를 만들자는 의미이다. 남의 눈치를 덜 보다 보면 자유에 대한 권리의식이 늘어날 뿐 아니라 이심전심의 과정을 통해 남의 행동에 대한 이해의 폭도 넓어질 수 있다. 그 결과 개인주의의 진정한 의미인 절제된 권리행사가 가능하고 사회 구성원으로서 가져야 할 공동체의식도 함양할 수 있는 것이다.

제9장

변혁의 리더십과 주인 의식

1. 변혁의 리더십

역량강화는 미시적 자율성과 거시적 통일성을 동시에 충족해야 한다는 점에서 쉬운 과제가 아니다. 더욱이 역량강화는 조직원의 행동 변화를 전제로 하는 것이기에 때로는 조직문화의 한계를 극복할 필요성도 있어 어려움은 그만큼 커지기 마련이다. 변화는 조직의 위아래에 관계없이 조직원 모두의 행동이 변화될 때 비로소 완성된다. 그러나 조직의 위와 아래가 동시에 변하는 경우는 드물다. 조직의 어디에서인가 변화가 시작되어야 한다. 그러면 위로부터의 변화여야 할까, 아니면 아래로부터의 변화여야 할까? 아래로부터 일어나는 변화인 혁명의 경우 조직 상부의 저항을 극복하기까지 상당한 진통을 겪는 게 일반적이다. 따라서 변화 과정에서 조직이 겪을 비용 측면에서 보면, 위로부터의 변화가 아래로부터의 변화보다 낫다. 특히 우리나라처럼 수직적이고 집단주의적 문화를 가진 사회에서는 위로부터의 역량강화가 순리일 것이다. 실제로 권력거리가 길고 집단주의적 문화를 가진 나라일수록 위로부터의 역량강화가 효과적이라는 연구 결과가 많다(Fock et al., 2013).

결국 수직적·집단주의적 문화를 가진 우리나라의 경우 리더십 역량강화가 필수적이라는 결론에 도달한다. 그러면 우리는 어떤 리더를 필요로 할까? 여기서 리더란 단순히 위계의 정점에 있는 사람을 말하는 것은 아니다. 조직의 변화를 이끌 필요 없이 기존에 해왔던 대로 권한을 행사하고 조직을 이끄는 것만으로 충분한 리더십을 문헌에서는 거래형 리더십(transactional leadership)이라 부른다. 지금 우리나라에 필요한 리더십은 거래형 리더십이 아니다. 저성장의 함정에서 벗어나려면 우리나라의 거버넌스를 불신맞춤형에서 역량강화형으로 변화시켜야 하므로, 변화를 이끌 역량을 갖춘 강한 리더십이 필요하다. 그런 점에서 우리나라에 필요한 리더십은 문헌의 용어를 빌리자면 변혁의 리더십(transformational leadership)이라고 할 수 있다.

그러면 변혁의 리더십이란 무엇인가? 우리나라에 필요한 변혁의 리더십이 무엇인지를 따지기에 앞서 리더십에 대한 독자의 이해를 돕고자 세간에 떠도는 '네 가지 유형의 상사'를 소개하기로 한다.

1) 네 가지 유형의 상사

직장인 사이에 회자되는 상사의 네 가지 유형이 있다. '똑게', '멍게', '똑부', '멍부'가 그들이다.

언제인지 정확히 기억나지는 않지만, 필자가 이 단어들을 처음 접했을 때 그저 무명의 누군가가 농담처럼 만든 것이 인터넷을 통해 퍼졌으리라 생각

표 9-1 네 가지 유형의 상사

		주도성(Initiative)	
		게으름(Lazy)	부지런함(Energetic)
지적 능력 (Intelligence)	똑똑함 (Smart)	**똑게: 지휘관(Commander)** ⇒ 목표를 설정하고 목표 달성이 용이한 환경을 조성.	**똑부: 참모(General Staff Officer)** ⇒ 지휘관이 설정한 목표를 달성하기 위한 계획을 수립.
	멍청함 (Dumb)	**멍게: 하급 장교(Menial Tasks)** ⇒ 능력이 모자라지만 아무 일도 하지 않아 조직에 해가 되지 않음. 단순 임무에 적합.	**멍부: 정리 대상(Eliminate)** ⇒ 조직을 위험에 빠뜨리기 때문에 반드시 정리할 필요.

자료: "Field Marshal Moltke's Four Types of Military Officer," http://old-soldier-colonel.blogspot.com/2011/07/field-marshal-moltkes-four-types-of.html(검색일: 2020.11.16).

했다. 그 이유는 아무래도 두 형용사의 첫 음절을 합친 단어의 형태(예: 똑게는 '똑'똑하고 '게'으르다의 합성어)가 흔한 인터넷 유행어와 닮았기 때문이다. 그러나 이 네 단어의 출처는 국내가 아니고 외국이며 그것도 무명의 작가가 농담으로 만든 게 아니라 역사(전쟁사)에 나오는 상당히 유명한 인사가 경험을 담아 심각하게 한 말이었다.

필자가 유럽의 대사관에 파견되어 근무하던 시절, 그러니까 2000년대 후반쯤으로 기억한다. 그 당시 필자는 여가 시간에 군사 관련 서적을 즐겨 읽었다. 외국이다 보니 국내 출판물을 접하기가 쉽지 않았던 데다 어릴 적 관심이 많았으나 국내에는 흔치 않았던 전쟁사 관련 교양서적이 유럽 서점에 넘쳐났기 때문이다. 그래서 이런저런 서적을 읽었고 우연히 프로이센의 최장수 참모총장이며, 총장 재임 기간 중 주변 국가와의 전쟁에서 모두 승리하여 독일통일의 기초를 다진 몰트케 원수(Helmuth Karl Bernhard Graf von Moltke, 1800~1891)가 '똑게', '멍게', '똑부', '멍부'의 원작자라는 것을 알게 된 것이다.[1] 몰트케 원수는 주도성(initiative)과 지적 능력(intelligence)이라는 두 가지 잣대를 기준으로 장교를 네 가지 유형으로 구분했다. 이처럼 유형을 나눈 이유는 참모총장으로서 인재를 적재적소에 배치하기 위한 나름의 기준을 제시하려는 데 있었다.

여기서 두 가지 점이 주목된다. 첫째는 지휘관이든 참모두 간에 고위 장교가 되기 위해서는 일단 지적 능력이 높아야 한다는 점이다. 멍청하면 쫓겨나거나 기껏해야 하급 장교가 될 수 있을 뿐이다. 이 점에 이의를 달 사람은 아마 없으리라! 둘째는 최고 지휘관의 조건으로 지적 능력뿐 아니라 주도성 측면에서 게으름을 꼽은 점이다. 그러나 이 점은 신중한 해석이 필요하다. 주도성을 적극성으로 해석한다면 최고 지휘관의 조건으로 수동적인 태도를 꼽은 것으로 해석할 수 있기 때문이다. 그러나 몰트케 원수가 최고 지휘관의 조건을 부연 설명하면서 "설정된 목표를 달성하기 쉬운 여건을 만드는 능력"을 꼽은 점에 비춰 주도성을 적극성으로 해석하는 것은 옳지 않아 보인다. 오히려 게으름은 미래를 꿰뚫어 보는 예지력을 바탕으로 부하의 창의성과 적극성을 이끌어내는 능력으로 해석함이 낫지 않을까? 아무래도 일상 업무가 바쁜 사람은 일상에 파묻혀 큰 그림을 놓칠 가능성이 크다는 점에서 말이다.

필자가 네 가지 유형의 상사를 소개하는 이유는 '똑게'형 리더가 우리 경제에 꼭 필요함을 강조하기 위함이다. '똑게'형 리더는 본인의 능력이 출중함에도 모든 일을 혼자서 해결하기보다 조직의 팀워크를 통해 해결하기를 원하고 이를 위해 본인과 조직원의 역할 분담에 많은 관심을 가지는 사람이다. 아울러 현실에 안주하기보다 더 나은 미래를 위해 끊임없이 변화를 모색

---

1) 일부에서는 제2차 세계대전 당시 프랑스 침공 계획(낫질작전)을 입안한 만슈타인 (Field Marshall Erich Von Manstein) 원수가 원작자인 것으로 알고 있으나 실상은 프로이센군의 전설과도 같은 몰트케 원수의 발언을 만슈타인 원수가 되새겨 강조한 것으로 보는 것이 맞는다고 본다.

하고, 이를 위해 일상의 소소한 부분에 신경 쓰기보다 조직의 미래를 위해 큰 그림을 그리는 데 많은 노력을 경주하는 편이다. 달리 말하면 '똑게'형 리더는 협업을 통한 변화를 모색하는 유형의 리더라 하겠다. 지금 우리 경제의 당면 과제는 불신맞춤형에서 역량강화형으로 거버넌스를 바꾸는 것이다. 역량강화는 협업을 통한 변화를 전제로 하는바 '똑게'형 리더가 꼭 필요하다고 하겠다.

2) 멍부가 리더가 되는 이유

상사의 네 가지 유형은 유능한 리더를 고르는 나름의 합리적 기준을 제시하고 있다. 그러나 불행히도 이러한 기준이 항상 현실에 적용되지는 않는 것 같다. 조직심리학계의 연구(Hogan et al., 2011)에 따르면 최고경영자 중 연구 결과에 따라 적게는 30%에서 많게는 60%가 실패하는 것으로 나타났다. 리더들은 2세 경영인이 아닌 한 최고의 자리에 오르기까지 수많은 검증을 거친다는 점과 잘못된 리더를 뽑으면 조직이 감수해야 하는 비용(예: 이윤 감소, 직무만족도 및 생산성 저하)이 상당한 점에 비춰볼 때 이만큼의 실패율은 지나치게 높다고 하겠다. 그러면 왜 이런 문제가 발생하는 것인가? 결론부터 말하자면 경쟁의 다면성, 직급 간 적임자의 요건 차이, 정보의 비대칭성 문제가 복잡하게 얽힌 결과라는 것이 필자의 생각이다.

먼저 경쟁의 다면성부터 살펴보자. 조직에서 일할 사람을 새로 뽑거나 기존 직원 중 승진자를 고를 때 경쟁은 불가피하다. 문제는 직장생활을 하려면 다른 사람들과 호흡을 맞추는 것이 필수적이다 보니 업무 지식뿐 아니라 조직 원과의 인화 능력도 중요한 변수가 된다. 경쟁 기준이 여러 개일 경우 그만큼 선택이 어려워질 수밖에 없어 사전에 충원 대상 업무에 대한 정의가 명확하지 않으면 그릇된 선택을 하거나 선발의 자의성 논란을 불러일으키기 쉽다.

둘째, 하위 직급의 업무와 고위 직급의 업무는 요구조건이 다르다. 하위 직급일수록 업무 범위가 좁고 기획보다는 실행의 성격이 강하며, 대인 접촉 범위도 좁다. 따라서 담당 업무에 대한 이해도나 성실성만 있으면 충분하다. 반면 직위가 높을수록 업무가 복잡하고 넓어져 미래를 내다보는 기획 능력과 섭외 및 조정을 통한 문제해결 능력이 중요해진다. 문제는 개인의 성격이나 능력은 상당 부분 선천적이어서 많은 이들이 직급 사다리를 오르는 과정에서 요구되는 역할 변화에 적응하지 못해 이전 단계에서 요구되는 역할을 잘 수행하던 사람이 현재의 업무에서는 능력의 한계를 드러내는 경우가 자주 발생하는 것이다.

셋째, 정보의 비대칭성 문제로 인해 리더가 되기 쉬운 유형과 유능한 리더가 될 가능성이 높은 유형이 반드시 일치하지 않는다는 점이다. 조직심리학계의 연구에 따르면 권력의지(즉 '대통령병')가 강하거나 자기중심적이거나 자기 확신이 과도한 사람일수록 리더의 자리에 오를 가능성이 크지만, 리더가 된 후 유능한 리더가 될 가능성은 낮다. 반면 상상력이 뛰어나고 민주적인 성향의 사람들은 유능한 리더가 될 잠재성은 크지만, 막상 그 자리에 오를 가능성은 높지 않다. 그 이유는 이기심, 자기중심성, 민주성 등의 특질이 고위직을 맡기 전에는 잘 드러나지 않는 데다 민주적인 사람보다 이기적이고 자기 확신이 강한 사람이 승진 사다리를 타고 오르는 데 필요한 권력의지가 더욱 강하기 때문이다.

이러한 연구 결과들은 몰트케 원수의 권고와는 달리 '멍부'가 조직에서 축출되지 않고 오히려 조직에 오래 남아 최고 지휘자의 지위에 오를 수 있음을 시사한다. 지적능력이 부족하더라도 권력의지가 남다르다면 때로는 부당한 방식까지 동원해 승진 경쟁에서 살아남을 수 있기 때문이다. 이는 경쟁이 항상 적재적소의 인사를 보장하지 않음을 의미하는바 후보자들의 숨겨진 특질을 파악해 옥석을 가리는 정보체계의 뒷받침이 매우 중요하다고 하겠다.

3) 우리나라에 필요한 변혁의 리더십

제대로 된 리더를 뽑기 어렵다는 점은 우리나라에서도 마찬가지이다. 주변을 돌아보면 능력이 출중한 사람은 많지만, 정작 우리에게 필요한 '똑게'형 리더는 찾아보기 어렵다. 오히려 몰트케 원수가 정리 대상으로 혹평한 '멍부'형 리더가 조직의 정점에 서 있는 경우를 심심찮게 보는 것이 우리의 현실이다.

리더를 잘 뽑으려면 리더의 특성에 대한 이해가 전제되어야 한다. 그런 취지에서 심리학자 버나드 바스(Bernard M. Bass)가 제안한 변혁의 리더십이 갖춰야 할 네 가지 자질을 〈표 9-2〉로 정리했다(Bass, 1985).

바스가 정의한 변혁의 리더십은 몰트케 원수가 정의한 '똑게'형 상사와 매우 유사하다. 본인 스스로 업무 능력이 탁월할 뿐 아니라 시시콜콜한 지시에 매달리기보다 큰 그림을 그리고 대강의 목표를 제시한 후 부하 스스로 창의적으로 문제를 해결하도록 충분한 재량권을 주는 한편, 솔선수범을 통해 변화에 동참하도록 유도하는 능력이야말로 똑똑하면서도 게으른 지도자에 부합하는 특성이라는 점에서 그러하다. 이러한 능력은 거버넌스의 변화라는 막중한 과제를 완수하려면 없어서는 안 될 자질이다. 그러나 네 가지 자질을 모두 겸비하는 것은 현실적으로 쉽지 않으므로 우리의 현실에 꼭 필요한 두 가지 자질을 추려 보았다.

우선 우리에게 가장 필요한 리더십 요건은 개별적 배려 능력이다. 그 이유는 두 가지이다. 연줄을 기반으로 한 폐쇄적 파벌주의를 타파해야 할 필요

표 9-2 변혁의 리더십이 갖춰야 할 네 가지 자질

1. 이상적 영향 (Idealized influence)	롤 모델로서의 카리스마를 바탕으로 부하들에게 비전을 제시할 수 있는 능력
2. 영감적 동기부여 (Inspirational Motivation)	상징, 은유 내지 정서적 자극을 통해 부하들이 공감하고 이해할 수 있는 목표를 제시할 수 있는 능력
3. 지적 자극 (Intellectual Stimulation)	고정관념을 깨는 질문을 던짐으로써 부하들의 창의적 사고를 유도하고 의사결정 과정에 참여시킴으로써 부하들의 주도적 행위를 자극하는 능력
4. 개별적 배려 (Individualized Consideration)	부하들의 사적 관심사나 욕구에 충분한 관심과 배려를 보임으로써 부하 직원 모두에게 공정하면서도 차별화된 맞춤형 리더십을 보이는 능력

성이 첫 번째 이유이고, 정서적 유대를 기반으로 한 개인 맞춤형 리더십이 우리나라의 집단주의적 문화 특성과 잘 어울린다는 것이 두 번째 이유이다.

집단주의 사회에서의 조직문화는 상사와 부하 간의 끈끈한 정서적 유대를 강조한다. 그런 점에서 공적 업무의 영역을 떠나 부하 직원 각각의 개인적 관심사나 욕구까지 헤아리는 개별적 배려는 우리 사회에서 리더가 되려면 반드시 갖춰야 할 자질이라 하겠다. 그러나 개별적 배려는 공평무사의 태도도 요구한다는 점에서 우리나라의 리더들이 충족하기란 그리 쉽지 않은 요건이다. 한국식 집단주의는 같은 그룹에 속하는 사람에게는 한없이 관대하지만 그렇지 않은 사람에 대해서는 배타적인 행동을 보인다는 점에서 폐쇄성을 특징으로 한다. 폐쇄성은 리더십에도 반영되어 공익보다 사적인 집단 이익을 우선시하고 그 과정에서 소수의 '인싸'에게 배려가 국한되는 특성을 보인다. 문헌에서는 사적인 인연을 기반으로 배려가 일부에 국한되는 현상을 개별적 배려와 구분해 사적 배려(personalized consideration)라 부른다. 우리나라가 파벌주의의 한계를 극복하고 법치가 바로 서는 나라로 거듭나려면 사적 배려의 리더십에서 공평무사한 개별적 배려의 리더십으로 변해야 한다.

우리나라의 리더에게 필요한 두 번째 자질은 지적 자극 능력이다. 지적 자극 능력은 부하들이 고정관념을 깨도록 하는 한편, 의사결정 과정에 동참하도록 유도하는 능력이다. 따라서 조직 하부의 주도적 업무처리를 지향하는 역량강화형 거버넌스를 정착시키는 데 없어서는 안 될 자질이다.

지적 자극 능력을 가진 리더는 두 가지 측면에서 조직문화에 긍정적인 효과를 끼친다. 첫째, 조직의 다원성을 촉진한다. 다양한 의견이 나올 수 있어야 고정관념을 깨는 참신한 의견이 나올 수 있음을 잘 알기에 리더 스스로 고정관념에 사로잡히지 않으려 노력함은 물론이고, 자신과 다른 유형의 사람을 기꺼이 부하로 기용하는 포용성을 보인다. 그런 점에서 지적 자극 능력을 갖춘 리더는 조직의 다원성을 북돋우는 촉매제 역할을 한다. 둘째, 지적 자극 능력을 갖춘 리더는 조직 하부의 주도성을 촉진한다. 대강의 방향만을 제시하고 업무 개입은 최소화하면서 리더 본인은 조직의 미래를 설계하는 데 집중하는 선 굵은 경영이 조직 하부의 주도성을 자극한다는 점에서 그렇다.

그러면 '이상적 영향'과 '영감적 동기부여'라는 나머지 두 자질은 우리에게 필요한 것인가? 우리나라 조직문화의 특성을 고려할 때 이 두 가지 자질은 별도로 강조할 필요가 없다는 것이 필자의 판단이다. '개인적 배려'와 '지적 자극' 능력을 갖춘 사람이라면 나머지 두 자질을 갖출 가능성이 크므로 별도의 자질로 강조할 필요가 없다는 것이 한 이유이고, 특별한 능력 없이 권력욕만 강한 사람에게서 흔히 나타나는 독단과 화려한 언변이 카리스마나 영감 능력으로 오인될 수 있다는 것이 또 다른 이유이다.

개인적 배려 능력과 지적 자극 능력을 갖춘 리더들은 다음의 세 가지 품성을 가지는 것이 일반적이다.

우선 사람을 좋아하고 신뢰할 줄 안다. 남을 쉽게 믿지 못하거나 관심이 없는 성격인 사람은 일시적으로 그렇지 않은 것처럼 속일 수 있으나 상황이 불리해지면 이내 밑천을 드러낸다. 이런 사람은 기본적으로 자신의 안위가 최우선 관심사이기에 부하를 계산적으로 대하기 마련이고 인내심이 없기에 실적 압박이 가중되면 설득이라는 거추장스러운 절차를 생략하고 지시와 통제 모드로 쉽게 전환하는 행태를 보인다.

둘째, 소신을 최고의 인생 가치로 생각한다. 소신을 중시하는 사람은 자리에 연연하기보다 자신이 옳다고 생각하는 바를 실천하고자 노력한다. 권력자의 눈치를 살피느라 소신을 꺾기보다 자신의 직을 거는 용기를 보이기도 한다. 아울러 본인 스스로 눈치보기를 싫어하기에 부하들의 행동이 마음에 들지 않더라도 인내하고 최대한 존중하는 행태를 보인다.

셋째, 미래보다 현재를 소중히 여긴다. 다음 단계의 행보를 미리 걱정하기보다 현재의 자리에서 최선을 다하는 것을 중요하게 생각한다. 미래를 고민하더라도 조직과 관련될 때에만 그러하며, 정작 자신의 앞날은 순리에 맡기는 성향을 보인다. 그래서 이런 유형의 리더가 떠난 자리는 항상 아름답다. 직위가 요구하는 본연의 가치에 충실하기에 업무나 인사 문제에서 잡음이 없을 뿐 아니라 본인이 떠난 이후에도 부하들이 그의 부재를 아쉬워하게 되는 것이다.

이상의 세 가지 품성을 언급하는 이유는 무엇인가? 리더의 자질은 겉으로 잘 드러나지 않기 때문이다. 특히 우리나라처럼 자신의 색깔을 드러내는 것을 백안시하는 풍토가 강한 사회에서는 더욱 그러하다. 아울러 자질의 구성요소를 적극적으로 규명하는 것도 가치가 있지만, 가져서는 안 될 부정적 요소를 파악해 배제하는 것도 올바른 리더를 고르는 데 도움이 되기 때문이다. 그런 취지에서 이 세 가지 품성을 토대로 하여 기피해야 할 인간 특성 두 가지를 제시하고자 한다.

우선 의심이 많은 사람은 기피해야 한다. 흔히 의심이 많은 사람을 꼼꼼한 사람과 혼동하는 경향이 있다. 물론 꼼꼼함은 하급 리더에게는 필요한 요건일 수 있다. 하급 리더의 역할은 거래형 리더십에 그쳐도 무방하기 때문이다. 그러나 변화를 선도해야 하는 최상위 리더는 부하를 믿고 일을 맡길 줄 알아야 한다.

둘째, 권력욕을 가진 사람을 경계해야 한다. 권력욕이 있어야 대통령이 될 수 있다는 말이 있지만, 우리나라의 사정상 권력욕이 큰 사람은 대부분 자기중심주의형 인간일 가능성이 크다. 우리나라의 정당이 인재 영입에 어려움을 겪는 이유는 자기중심적 사람일수록 권력욕이 강하고 그런 사람일수록 권력의 향배에 예민해 권력 근처를 맴도는데, 정작 필요로 하는 인재는 초야에 묻혀 보이지 않기 때문이다.

2. 주인 의식과 전문성

줄탁동시(啐啄同時)라는 말이 있다. 병아리가 알에서 나오려면 어미 새의 도움이 필요하지만 병아리 스스로도 알을 깨는 노력을 해야 한다는 말이다. 역량강화를 위한 조직 변화도 마찬가지이다. 조직이 변하려면 낡은 습관의 알을 깨야 하기 때문이다.

조직이 추구할 가치와 나아갈 방향을 제시하거나 조직 내 역할 분담 구도를 개선하고 직원 모두가 소신껏 일할 수 있는 여건을 조성하는 등의 일은 리더만이 할 수 있는 역할이다. 그러나 조직의 역량강화는 리더의 역할만으로 완성할 수 없다. 직원 모두가 조직이 추구하는 가치를 공유하고 상부의 지시가 없더라도 맡은 일을 더 잘하려고 끊임없이 고민하고 실천하는 주인 의식이 있어야 비로소 가능하다.

1) 역량강화와 주인 의식

주인 의식은 일의 주체가 자기 자신임을 자각하는 데에서 출발한다. 일 자체에서 보람을 느끼고 결실을 맺기까지 부단히 노력하며 결과에 대해 책임지는 게 주인 의식을 가진 사람이 취할 자세다. 아무리 리더가 훌륭하더라도 직원들이 상사의 눈치를 보느라 본인의 생각과 다르게 행동하거나 결과에 대한 책임을 남에게 전가한다면 조직은 제대로 굴러갈 수 없다. 그런 점에서 주인 의식은 복지부동과 대척점에 있다.

오늘의 한국인은 얼마나 일에 대해 주인 의식이 있는가? 복지부동이라는 단어를 인터넷 검색창에 입력해 보면 수많은 기사와 논문들이 쏟아져 나오리라! 이 대부분은 공직 사회의 현실을 고발하거나 분석하는 것이지만 복지부동 문제가 공직 사회에만 국한되는 것은 아니다. 복지부동은 간단히 말해 일하는 시늉만 내는 것인데 다양한 경로를 통해 우리 사회와 경제에 부담을 주고 있다. 우선 생산성을 떨어뜨린다. 우리 경제의 생산성 향상에 최대 걸림돌로 인식되는 규제 과다 문제는 따지고 보면 공직 사회의 복지부동 문제와 연결된다. 불필요한 규제가 사라지지 않는 이유 중 하나가 규정에 대한 공직 사회의 지나친 집착인데, 이러한 집착의 이면에 공직 사회의 무소신과 무책임이 자리 잡고 있다는 점에서 말이다.

복지부동은 경제적 문제에 국한하지 않고 국민의 안전과 건강을 위협하는 대형 인명사고로도 이어지고 있다. 세월호 사고, 제천 화재 사고, 가습기 살충제 사고 등 대형 인명사고를 통해 우리는 무엇을 느낄 수 있는가? 열심히 해봤자 받는 월급에 차이가 없으니 일하는 시늉만 낸다거나, 돈만 벌면 되니 남이 다치든 말든 신경 쓸 필요가 없다는 생각의 저변에는 무서울 정도의 생명 경시 풍조와 자기중심의 이기심이 도사리고 있다. 남을 생각하지 않고 자신만을 챙기는 극단적인 사람은 일에 대해 주인이기를 포기한 사람이다. 물론 복지부동을 개인의 태도 문제로만 치부할 수는 없다. 실무자의 경험이나 전문성을 인정하지 않고 지시와 통제 대상으로 인식하는 불신의 조직문화가 복지부동의 구조적 원인임은 분명한 사실이다. 그러나 제도의 탓으로만 돌려서는 문제를 해결할 수 없다는 것도 사실이다. 제도는 제도대로 고쳐나가되 우리 스스로 주인 의식을 갖도록 노력할 필요가 있다. 이는 인식의 문제인 만큼 전 국민이 동참하는 의식 개혁운동이 절실하다. 그런 취지에서 원칙에 충실한 업무 수행을 통해 수많은 미국인의 건강을 지키고 나아가 미국의 보건 행정 체제를 근본적으로 바꾸는 기폭제 역할을 한 무명의 실무자를 소개하고자 한다.

2) 탈리도마이드 사건

1960년 8월, 캐나다 태생의 약리학자 프랜시스 켈시(Frances Kelsey) 박사가 미국 식약청(Food and Drug Administration: FDA) 검사원으로 첫 출근을 했다. 그녀에게 배당된 첫 번째 임무는 서독에서 개발되어 46개국에서 선풍적 인기를 끌고 있던 신약 탈리도마이드(Thalidomide)의 미국 판매 신청 건을 심사하는 것이었다. 탈리도마이드는 불면증과 입덧에 효능이 있으면서 인체에는 전혀 부작용이 없는 특효약으로 알려져 있었다. 비교적 쉬운 임무로 판단되어 신참인 켈시 박사에 배정된 것이다.

그러나 켈시 박사는 미국 측 판매인 윌리엄 머렐(William S. Merrell)이 제출한 서류에서 신약의 안전성을 입증할 과학적 증거가 불충분하다고 판단해 허가를 보류한 채 회사 측에 추가 자료를 요청했다. 허가가 지연되면서 신청 사인 머렐사의 항의도 거셌다. 켈시 박사 상관에게 항의하는 것은 물론이고

그림 9-1 켈시 박사와 탈리도마이드 사건

켈시 박사(Dr. Frances O. Kelsey, 1914~2015)
자료: Changing the Face of Medicine,
https://cfmedicine.nlm.nih.gov/physicians/
biography_182.html(검색일: 2020.11.16).

탈리도마이드를 복용한 임산부로부터 태어난 기형아
자료: Film and Medical, https://www.film
medical.co.uk/34/Anatomical-Models/
Conjoined-babies-and-thalidomide-baby-
P631.html(검색일: 2020.11.16).

켈시 박사 본인에게도 일자리를 놓고 위협하는 일을 서슴지 않았다. 신청이 접수된 1960년 8월부터 철회된 1962년 3월까지의 19개월 동안 머렐사는 총 58차례의 접촉을 통해 켈시 박사를 압박했지만 소용이 없었다. 그사이 서독, 영국 등 탈리도마이드 판매가 허용된 여타 국가에서 기형아 출산이 신약의 장기 복용과 관련이 있다는 보고가 연이어 발표되었다. 자료에 따르면 탈리도마이드가 서독에서 처음 판매된 1958년부터 전 세계적으로 판매가 금지된 1963년 1월까지 그로 인한 기형아 출산이 1만 3000건을 상회한 것으로 조사되었다. 미국도 예외는 아니었다. 켈시 박사의 노력으로 공식적인 판매는 불가능했지만 임상실험 목적으로 의사에게 배포할 수는 있었기 때문에 1267명의 의사에게 250만 정의 신약을 배포했고, 그 결과 미국에서도 약 40명의 기형아가 태어난 것이다.

여기서 드는 의문은 신참인 데다 실무자에 불과한 켈시 박사가 거대 제약 회사에 19개월이나 저항할 수 있었던 힘의 원천은 무엇일까이다. 탈리도마이드 사례를 처음 접했을 때 필자는 미국 식약청에 실무자의 판단을 존중하는 문화가 정착되어 있어서 가능했으리라 추측했다. 그러나 관련 자료들을 좀 더 조사한 결과 이런 추측이 틀렸음을 깨달았다. 탈리도마이드 사건이 발생한 당시에는 합성약품(synthetic drugs)을 통해 인간을 질병으로부터 구원할 수 있다는 기대가 컸던 반면, 합성약품의 안전성에 관한 사회적 관심은 희박했다. 이런 시대 분위기를 반영해 1960년의 미국 식약청은 친기업적 문화가 지배하고 있었다. 신약 판매 허가가 접수된 후 6개월이 경과되면 신약 판매가 자동 허가[2])되었음은 물론이고 심사도 신청인이 제공하는 정보에 전적으로 의존하고 있었다. 판매가 허용된 이후에는 신약의 부작용이 발견되더라도 판매사가 이를 공개할 의무도 없었다.

결국 켈시 박사의 행동은 전적으로 개인의 소신에 의거한 것이고 조직으로부터 지원은 없었다고 봐야 할 것이다. 그 당시 켈시 박사의 영웅담을 소개한 1962년 7월 15일 자 ≪워싱턴 포스트≫는 다른 나라와는 달리 미국이 탈리도마이드 피해를 최소화할 수 있었던 이유로, 조직의 힘이 아닌 "머렐사가 판매 신청을 한 시점에 마침 켈시라는 적임자가 허가권을 쥔 미국 식약청에 취업한 우연의 힘"으로 돌릴 정도였다. 그만큼 탈리도마이드 사건은 주인의식 내지 소신의 중요성을 깨우쳐준 귀중한 사례이다. 만약 한국에 켈시 박사와 같은 사람이 있었다면 가습기 살충제 사고나 살충제 계란 파동은 일어나지 않았을 것이다.

---

2) 켈시 박사는 서류 미비를 이유로 신청이 접수되지 않은 것으로 유권 해석함으로써 신청 접수 후 6개월 경과 시 자동 승인하도록 한 FDA 조항을 무력화할 수 있었다.

3) 주인 의식과 전문가 존중의 문화

그러면 어떻게 해야 한국판 켈시를 키울 수 있을까? 다른 무엇보다 전문가를 존중하는 문화를 만들 필요가 있다. 탈리도마이드 사건 당시 미국 식약청이 국민의 안전보다 제약회사의 입장을 우선시했음을 앞에서 밝혔다. 탈리도마이드라는 엄청난 사업 기회 앞에 아무나 켈시 박사처럼 "아니요"라고 말할 수는 없었을 것이다. 그러나 켈시 박사나 미국인들에게 그나마 다행스러웠던 것은 미 식약청에 최소한 담당자의 의견을 존중하는 전통이 있었다는 점이다. 그렇지 않았다면 제약회사의 압력에 굴복해 켈시 박사를 해고했거나 타 부서로 전보 발령을 냈을 것이다. 결국 켈시 박사의 개인적 소신이 가장 큰 역할을 한 게 사실이지만, 미 식약청에 담당자의 권한을 존중하는 전통이 없었다면 미국도 탈리도마이드 피해를 피하지 못했으리라!

조직의 역량강화를 위해서는 변혁의 리더십과 함께 조직원 모두의 강한 주인 의식이 요구된다. 주인 의식은 기본적으로 개인적 실천의 문제이지만 어느 정도 제도적 뒷받침이 필요하다. 조직원 모두가 자신의 일에 주인 의식을 가지려면 담당 직원의 권위를 존중하는 문화가 있어야 하기 때문이다.

그러나 우리 현실에서는 담당자의 권위가 존중받지 못하는 경우가 많다. 특히, 직급이 낮을수록 담당자는 권위를 인정받지 못한다. 흔히들 현장 업무를 단순 반복 업무라고 말하는데, 이는 잘못된 것이다. 현장 업무가 반복되는 경향이 있음은 사실이다. 그러나 반복 업무라 해서 결코 단순한 것은 아니다. 예를 들어 버스기사의 업무는 매일 정해진 노선을 운행하는 반복 업무이지만, 도로 사정과 날씨는 하루하루 다른 데다 사고 발생 가능성도 배제할 수 없어 결코 단순하지 않다. 프로야구 투수의 업무도 많아야 5개 구종을 섞어 던지는 반복 업무이지만, 특급 투수의 경우 평범한 월급쟁이는 꿈도 꾸지 못할 엄청난 수입을 거둔다. 반복이 단순함을 의미하지 않기 때문이다.

우리 경제의 역량을 강화하려면 경제 구성원 모두가 자신의 일에 강한 주인 의식을 가져야 한다. 그러려면 직위의 높고 낮음이나 전문 지식 유무와 관계없이 담당자의 권위를 존중하는 전통이 필요하다. 그러나 우리의 조직문화 현실은 담당 업무에 대한 지식이나 경험보다 차지하고 있는 직함이 중시된다. 아무리 능력이 출중하더라도 직위가 없거나 낮으면 사람대접을 받지 못한다. 그래서 대한민국에 사는 한, 귀하디귀한 자리를 차지하기 위해 치열한 경쟁을 감내할 수밖에 없다. 자리 경쟁이 치열하다 보니 수단과 방법의 정당성을 고민할 여유가 없다. 자리를 차지하려면 실력보다 연줄이 중요하므로 낮에 열심히 일해 실력을 쌓기보다 밤무대를 누비며 인맥을 쌓는 것이 더 남는 장사이다. 그래서인지 몰라도 컴퓨터 지식은 없어도 휴대폰의 클라우딩 서비스만은 젊은이 뺨치게 챙기는 정치철새형 중년들이 주변에 그득하다. 비싼 휴대폰은 잃어버릴 수 있어도 전화번호부는 결코 잃어버리면 안될 황금문서이기 때문이다. 그 결과 눈치가 구단이고 인맥 관리를 잘하면 실력이 없더라도 출세하는 반면, 자신의 일에 열과 성을 다하는 실력파 인사들이 연줄의 장벽에 막혀 초야에 묻히는 게 전혀 이상하지 않은 세상이 되었다. 그래서일까? 일에 대한 열정 없이 자리가 주는 화려함과 편리함만 추구하는 영혼 없는 사람들이 갈수록 늘어나는 느낌을 지울 수 없다. 사회가 제대로 돌아가려면 일에 대해 주인 의식을 가지고 열과 성을 다하는 사람이 많아져야 한다. 그러려면 정치력이나 연줄보다 실력과 전문성이 인정받는 사회가 되어야 한다. 국민 모두의 노력이 필요하다.

제10장

경제는 '가운데'이다

1. 소득 주도 성장론 유감

한국경제가 불신맞춤형 거버넌스의 질곡에서 벗어나 역동적인 경제로 거듭나려면 경제주체들의 행동양식이 바뀌어야 한다. 행동양식의 변화는 민간 부문뿐 아니라 정부 부문에게도 요구된다. 특히 우리나라의 경우 정부의 역할이 다른 나라 경제에 비해 크다는 점에서 역량강화형 거버넌스에 부합하는 방향으로 정부의 역할이 바뀌어야 한다. 이전 장에서 민간 부문의 역할 변화를 주문한 데 이어 이번 장에서는 정부의 역할이 어떻게 바뀌어야 하는지를 살펴보기로 한다.

문재인 정부 경제정책의 핵심은 소득 주도 성장이다. 서민 가계의 소득 기반을 공고히 함으로써 소득분배 개선과 경제성장이라는 두 마리 토끼를 잡겠다는 포부를 담고 있다. 이러한 소득 주도 성장전략은 현재의 경제 상황을 감안할 때 방향성 측면에서 이의를 달기 어렵다. 근로 소득이 오랜 기간 정체되어 온 만큼 이를 시정할 필요성이 있는 데다 정체된 소득을 대신해 가계소비를 떠받치던 금융 차입마저도 늘어난 원리금 상환 부담 탓에 이제는 가계소비를 짓누르고 있기 때문이다. 그러나 방향이 옳다고 정책 효과가 보장되는 것은 아니다. 정책의 방향뿐 아니라 수단이 적절해야 하고, 대외 여건도 뒷받침되어야 한다. 경제정책이 어려운 이유가 이것이다.

소득 주도 성장 정책이 시행된 지 3년이라는 적지 않은 세월이 흘렀건만 우리 경제는 여전히 활력을 찾지 못하고 있다. 그 원인은 어디에 있을까? 정책 수단이 부적절했기 때문인가, 대외 여건이 좋지 않았던 탓인가, 아니면 둘 다인가? 경제 현상은 여러 요인이 복합적으로 상호작용 한 결과물이기에 무엇이 문제인지를 정확히 가려내기란 여간 어렵지 않다. 현상을 바라보는 사람의 주관적 판단이 개입될 수밖에 없는 이유이다. 이런 한계가 있음을 전제로 한 상태에서 필자의 생각을 밝히자면, 여건이 불리했던 측면이 없지는 않지만 소득 주도 성장 정책의 태생적 한계가 주된 원인이라는 것이다.

소득 주도 성장론의 모태는 포스트케인지언(Post-Keynesian) 학자들이 개발한 임금 주도 성장론(wage-led growth theory)이다. 임금 주도 성장론의 핵심은 한계소비성향이 높은 임금 소득의 상대적 비중을 높이는 방향으로 소득재분배를 추진함으로써 경제 전체의 소비를 늘리고, 이를 통해 경제성장을 촉진할 수 있다는 것이다. 그러나 이 이론은 한국의 현실에 비춰 소기의 성과를 거두기 어렵다. 왜 그런지를 몇 가지로 구분해 설명하기로 한다.

먼저, 임금 주도 성장론은 소득분배의 이해당사자가 자본가와 노동자로 이분화된 단순한 구조를 지니고 있다. 하지만 우리 경제의 현실은 이보다 복잡하다. 제조업은 원청·하청 구조 탓에, 서비스업은 프랜차이즈 구조 탓에 경제적 강자와 약자가 다중적으로 겹쳐 있는 구조를 보인다. 이처럼 경제적 강자와 약자 간 관계가 다단계 구조를 가질 경우, 분배 구조 개선을 위한 정책 설계는 그만큼 더 까다로워질 수밖에 없다. 어느 한 단계에서라도 소득 이전에 장애가 발생한다면 정책 효과가 없어질 뿐 아니라 단계마다 차별화된 정책 대응이 필요할 수도 있어 소득분배 정책이 그만큼 복잡해지기 때문이다. 최저임금 인상은 경제적 약자의 실질 구매력을 보전하는 것을 목적으로 한다. 그러나 우리나라의 경우 최저임금 인상 과정에서 경제적 약자 중 하나인 영세자영업자의 구매력을 악화하는 결과를 초래했는데, 그 이유는 최저임금 인상이 우리나라 특유의 다단계 원청·하청 관계를 충분히 고려하지 않았기 때문이다.

둘째, 소득 주도 성장론은 가계의 실질 구매력 향상을 전제로 하고 있다. 따라서 아무리 소득재분배를 통해 가계의 명목소득을 늘려도 가계 지출 항목의 가격이 오르면 효과가 없다. 가계의 실질 구매력을 높이려면 최저임금 인상 못지않게 생필품 가격의 안정이나 임차비용 내지 부채 상환 부담의 완화도 필수적이다. 그러나 우리 경제의 현실은 비용 경감을 통해 가계의 구매력을 보전하기 어려운 구조이다. 전반적인 물가 안정세에도 생필품 가격이 여전히 높은 수준을 유지하는 가운데 여러 정책적 노력에도 불구하고 가계부채가 좀처럼 줄어들지 않고, 임차료도 떨어질 기미를 보이지 않고 있다.

셋째, 소득 주도 성장론은 한계소비성향이 높은 노동자 계층이 더 많은 소득을 얻으면 경제 전체의 유효수요가 늘어나는 효과를 강조하고 있다. 그러나 소득 중 얼마만큼을 소비할지는 소득이 안정적이냐에 따라 달라진다. 달리 말하면 소비성향은 주어진 것이 아니라 소득 안정성의 영향을 받는다. 임금 상승이 유효수요 증대로 연결되려면 소득 증대가 일시적인 것이 아니라는 확신이 노동자들 사이에 공유되어야 한다. 지금처럼 경기가 좋지 않은 상황에서의 최저임금 인상은 일시적인 소득 증대로 인식되어 소비 증대보다는 저축 증대나 차입금 상환으로 이어질 가능성이 크다.

넷째, 임금 주도 성장론은 늘어난 임금이 노동자의 근로의욕을 고취해 생산성을 향상하는 효과가 있다고 보고 있다. 그러나 임금인상이 노사 간의 자발적 합의 대신 공권력에 의한 강제나 임금인상 투쟁을 통해 얻은 것이라면 그러한 효과가 나타나지 않을 수 있다. 생산성 향상은 노사화합을 전제로 하기 때문이다. 한국처럼 노사관계가 적대적인 경제에서는 임금인상이 기업의 생산성 향상으로 연결될 가능성이 낮다.

다섯째, 임금은 가계의 입장에서는 소득이지만, 기업의 입장에서는 비용이다. 따라서 임금인상은 한편으로는 소비 진작을 통해 수요를 늘리지만, 다른 한편으로는 비용 상승을 통해 공급을 줄이는 효과가 있어 어느 효과가 더 큰지는 경제구조나 경기 상황에 따라 다르다. 공급 감소 효과가 더 크거나 설사 수요 진작 효과가 더 크더라도 순 효과가 작을 가능성을 배제할 수 없기 때문이다. 특히 임금인상이 급격히 이뤄질수록 공급 감소라는 부정적 효과가 수요 진작이라는 긍정적 효과를 압도할 가능성이 커진다. 아무래도 기업이 급격한 임금인상의 충격을 짧은 기간 내에 생산성 향상으로 흡수하는데에는 한계가 있기 때문이다. 시장경제는 미래의 수익을 기대해 오늘 투자해야 하는 순차성의 구조를 지닌 데다 수요와 공급이 복잡하게 맞물린 구조이므로 급격한 충격은 약이 되기보다 독이 될 가능성이 높다. 아무리 좋은 의도의 개혁일지라도 경제 거래의 원활한 흐름을 방해하지 않으려면 급격히 추진되어서는 안 된다. 이런 점에서 최저임금이 급격히 인상된 점은 아쉬움으로 남는다.

지금까지 소득 주도 성장 정책이 소기의 성과를 가져오지 못한 이유를 여러 각도에서 살펴보았다. 결론을 말하면 가계소득이 장기간 정체되고, 소득 불평등이 심화되는 상황이니만큼 소득재분배의 시대적 당위성은 인정되지만 그것만으로 성장을 촉진할 수 있다는 주장은 비현실적이다. 소득 주도 성장론이 우리 현실에 맞는 정책이라면 최저임금 인상을 통한 소득분배 개선만으로 성장을 촉진할 수 있어야 했다. 그런데 그렇지 않기에 재정지출을 크게 늘려 경기를 인위적으로 끌어올릴 수밖에 없었던 것이다.

소득 주도 성장 정책은 저소득계층의 자생적 구매력이 성장을 이끄는 '화수분' 경제를 명분으로 하지만, 실상은 저소득계층의 구매력을 재정지출로 힘겹게 끌어올리는 양수(揚水) 정책에 불과하다. 이런 점에서 문재인 정부의 '소득' 주도 '성장' 정책은 '재정' 주도 '분배' 정책이라 부르는 편이 더 타당하다.

2. '큰 정부'의 한계

문재인 정부는 소득이 주도하는 경제를 표방하지만, 실상은 큰 정부가 주도하는 경제를 지향한다. 최저임금 인상은 물론이고 생활형 사회간접자본 확충, 태양광발전을 통한 탈원전, 사회적 일자리 확충, 한계 계층을 위한 기본소득 지급 등이 정부 주도로 추진되는 과정에서 정부의 예산 규모가 2017년부터 2019년에 이르는 짧은 기간 동안 무려 22%나 늘어났다. 이를 반영해 2016년 GDP 대비 36%였던 국가채무 규모가 2019년 38%로 크게 올랐으며 재정건전성의 심리적 마지노선인 40% 선을 조만간 넘길 것이다.

큰 정부냐 작은 정부냐의 문제는 닭이 먼저냐 달걀이 먼저냐의 문제처럼 끊임없는 논쟁의 대상이지만, 결론이 나지 않는 해묵은 주제다. 경제구조나 불균형 정도에 따라 정부의 역할이 달라질 수밖에 없기도 하지만, 아무래도 주제 자체가 분배 문제를 내포하고 있어 이념 중립적이지 않기 때문이다. 진보 성향의 사람은 정부의 더 적극적인 역할을 주문하는 반면, 보수 성향의 사람은 정부가 외연을 확대하기보다 본연의 기능에 충실할 것을 주문하는 편이기 때문이다.

이념 성향에 따라 정부의 역할에 대한 생각이 다를 수밖에 없으므로 분배 문제에 관한 국민적 합의는 애당초 불가능한 것인지도 모른다. 그렇지만 우리나라의 현실을 고려할 때 이념의 차이를 떠나 정부 규모를 어느 정도 늘릴 필요성이 있었던 것은 사실이다. 다른 선진국에 비해 정부의 복지지출 비중이 낮은 데다 악화일로의 소득분배 문제를 시장 기능에만 맡겨서는 해결할 수도 없었기 때문이다. 달리 말하면 소득분배 문제에 관한 한 정부의 역할을 어느 정도 강화함은 이념의 차원을 넘어 시대적 과제였다고 하겠다.

그러나 국민의 담세 능력을 고려하지 않을 수 없으므로 정부 규모를 무한정 늘릴 수 없는 노릇이다. 특히 고령화가 급격히 진전되고 있어 세금을 낼 사람은 줄고 복지 혜택을 받아야 할 사람은 크게 늘어날 것으로 예상되는 데다 부존자원이 없고 기축통화국도 아니라서 수출을 통한 외화획득이 경제성장에 필수적인 우리나라의 특수한 사정을 고려할 때, 재정건전성 유지는 후손을 위해 현세대가 반드시 지켜야 하는 중요한 책무 중 하나다.

종합하면 우리 경제의 사정상 소득분배 개선을 위한 정부의 적극적인 역할이 요구되는 것은 사실이지만, 재정건전성의 문제를 야기하면서까지 무리하게 큰 정부를 추진해서는 안 된다는 것이다. 누구나 좋은 집에 살며 비싼 차를 몰고 싶어 하지만, 아무나 그럴 수 없기에 형편껏 집을 구하고 차를 사는 게 세상 사는 이치라는 말이다. 큰 정부가 문제없이 굴러가려면 국민의 담세 능력이 높아져야 한다. 그러려면 큰 정부가 소득분배 개선뿐 아니라 우리 경제의 성장잠재력을 끌어올리는 데 도움이 되어야 한다. 과연 그런가? 이에 대한 필자의 생각은 회의적이다.

우선 지난 3년간 늘어난 재정지출은 복지지출 등 기본적으로 소비지출의 성격이 강해 우리 경제의 생산성 향상에 크게 도움이 되지 않는다. 둘째, 양질의 일자리는 높은 생산성을 요구하는 만큼 혁신기업의 뒷받침 없이 정부부문의 나 홀로 경기부양만으로 양질의 일자리를 만드는 데에는 한계가 있을 수밖에 없다. 셋째, 정부의 역할 증대는 그렇지 않아도 강한 정부의 힘을 한층 더 강화하는 것이어서 취약한 우리 사회의 견제 기능을 강화하기보다 악화할 가능성이 크다. 이상의 세 가지 문제만으로도 큰 정부를 경계할 이유는 충분하다. 그러나 큰 정부에 대해 필자가 회의적인 이유는 따로 있다. 큰 정부가 필연적으로 야기할 정책의 정치화(politicization)와 그로 인한 정부 정책의 효율성 저하가 바로 그것이다.

정책이 구현되려면 이익집단의 로비 정치를 극복해야 하는데, 문헌에서는 이러한 어려움을 정책의 정치화라 칭하고 있다. 정책의 정치화는 경제학계에서는 크게 문제시하지 않는 반면, 사회학계에서는 사회통합을 저해하는 주된 걸림돌로 인식하고 있다. 예를 들어 1950년대에서 1970년대에 이르는 기간 동안 경제정책의 대세였던 정부의 적극적 시장개입주의가 1980년대에 급격히 퇴조한 이유는 무엇인가? 경제학계에서는 인플레이션 악화를 주된 원인으로 지목하지만, 사회학계는 인플레이션 문제보다 정부의 적극적인 시장개입이 야기한 경제정책의 정치화가 사회갈등을 야기하고 정부에 대한 국민 신뢰를 떨어뜨린 게 더 근본적인 원인이었다는 견해이다. 그만큼 정부의 적극적인 시장개입이 야기하는 정책의 정치화 문제를 결코 가볍게 볼 수 없다는 것이다(Krippner, 2011).

어느 나라나 이해관계를 달리하는 여러 계층이 존재하기 마련이어서 정책의 정치화 문제에서 완전히 자유로울 수는 없으나, 사회적 불신이 강한 우리나라의 경우 이 문제가 더욱 심각하다. 사회적 불신이 강한 사회에서는 계층 간 이해관계의 충돌을 효과적으로 제어하기 어렵기 때문이다. 불신 사회에서 큰 정부는 문제를 해결하기보다 오히려 복잡하게 만들 가능성이 높다. 정부의 시장개입 영역이 늘어날수록 정부가 극복해야 할 정치화 난관이 그만큼 늘어난다는 점에서 말이다. 경우에 따라서는 양보를 대가로 정부의 계획에 없는 다른 부문에 대한 시장개입이 요구될 가능성마저 배제하기 어렵다. 달리 말하면 정부가 시장개입의 영역을 늘리다 보면 어느 순간 정부의 의도와 관계없이 경제의 전 영역이 정부의 개입 가능 영역으로 인식될 것이고 그 결과는 경제의 완전한 정치화이다.

정책의 정치화는 현안에 대한 이해당사자 간 갈등을 증폭시켜 정책 구현을 어렵게 할 뿐 아니라 정책 협의 과정에서 이익단체의 압력으로 정책이 왜곡될 가능성도 있는데, 계층 간 반목이 심하고 진영논리가 횡행하는 우리나라의 경우 그 가능성이 매우 높아 그렇지 않아도 낮은 정부에 대한 국민 신뢰를 더욱 낮추는 부작용마저 예상된다.

3. 시장과 정부의 역할 분담

그러면 '정책의 정치화' 함정에 빠지지 않는 길은 무엇인가? 시장과 정부의 역할 분담을 분명히 함으로써 정부의 시장개입 원칙을 확립하는 것이 답이라 생각한다. 일자리 창출의 예를 들자면 일자리는 기업이 보호하고 사람은 국가가 보호하는 원칙을 생각해 보았다. 이를 좀 더 부연해 설명하면, 기업은 일자리 창출 자체에 집중하되 일자리에 노동자를 연결하는 일은 시장이 맡도록 하고, 정부는 일시적으로 일자리를 잃은 노동자들이 실직 기간 중 생활고를 겪지 않도록 실직 수당을 지급하는 한편, 재취업 가능성을 높일 수 있도록 교육 프로그램을 제공하자는 것이다. 그러면 노동시장의 유연성이 높아질 뿐 아니라 기업이 불확실한 미래를 걱정하지 않고 좀 더 적극적으로 고용을 늘리도록 할 수 있다. 아울러 일자리 유지에 투입될 재정자금을 실업 자 구제 등에 씀으로써 복지수준을 향상함과 더불어 정부에 대한 민간의 과 도한 기대나 무리한 요구를 줄이는 부수적 효과도 거둘 수 있으리라 생각한 다. 시장을 적절하게 이용하면 정책의 정치화 함정에 빠지지 않으면서도 정 부가 더 많은 일을 할 수 있게 된다.

그러면 정부와 시장의 관계는 어떻게 설정해야 하는가? 이에 대한 필자의 답은 불가근불가원(不可近不可遠)이다. 정부와 시장 간의 관계에는 적정한 거 리가 있어야 한다는 말이다. 그러면 정부와 시장 간의 거리는 어느 정도가 적당한 것인가? 정책 분야의 성격에 따라 적정 거리는 다를 수밖에 없으므로 분야별 특성을 고려해 적정한 거리를 유지하도록 노력해야 한다. 적정 거리 관점에서 정부와 시장 간 관계를 볼 때 정부가 시장에 너무 다가선 분야와 좀 더 다가가야 할 분야가 드러난다.

먼저 시장과의 거리를 너무 좁힌 분야로 일자리 정책을 꼽고 싶다. 흔히 고 용 문제를 고려할 때 고용률 등 총량 지표를 생각하기 쉽다. 그러나 일자리는 취업 요건이나 고용 형태가 천차만별이다. 다종다양한 일자리에 인력을 배 분하는 최선의 방법은 시장이다. 그 이유는 프리드리히 하이에크(Friedrich Hayek)가 강조했듯이 시장의 '가격발견기능'에 있다. 계획경제가 실패한 것 은 정부가 시장 기능을 대신하려 했기 때문이다. 비정규직이 인건비 절감의 수단으로 악용되어 온 점에서 정부가 비정규직의 정규직 전환을 추진한 취지 는 충분히 이해한다. 그러나 나그네 스스로 옷을 벗도록 유도한 『이솝우화』 의 해님처럼 결과 자체를 겨냥하기보다 유도했으면 하는 아쉬움이 드는 것도 사실이다. '동일노동, 동일임금' 원칙 위반을 엄정히 처벌하는 한편, 정규직

시장의 유연성을 높인다면 기업 스스로 정규직 채용을 늘릴 것이라는 점에서 그렇다. 일자리 문제에서 정부의 역할은 노벨경제학상 수상자 리처드 세일러(Richard Thaler) 교수가 말한 '너지(nudge)'에 그치는 것이 좋다고 본다.

부동산 정책도 정부가 시장과의 거리를 너무 좁힌 분야이다. 주거 안정은 삶의 질과 직결되므로 집값 안정의 정치적 중요성을 이해하지 못할 바는 아니나 지난 3년간의 부동산 정책은 행정규제나 조세정책에 과도하게 의존한 측면이 있다. 공급 대책은 행정규제나 조세정책과 달리 정책 시행의 부작용이 크지 않은 장점이 있다. 그런데도 부동산 대책이 행정규제나 조세정책 위주로 흐르는 이유는 무엇인가? 아무래도 공급 대책은 성과가 나오기까지 시일이 걸리는 데다 낡은 도심의 재개발 사업처럼 단기적으로 특정 지역의 집값을 불안정하게 하는 등의 단점이 있어서 그럴 것이다. 그러나 부동산 문제에서 공급 정책이 홀대받는 가장 큰 이유는 우리 사회에 만연한 시장에 대한 불신 때문이다. 우리 국민 대다수는 시장을 신뢰하지 않는다. 시장하면 가장 먼저 투기와 약육강식을 떠올릴 정도로 시장을 부도덕하다고 생각하기 때문이다. 그렇지만 다른 한편으로는 기회만 닿으면 투기에 참여하려는 이중성을 보이는 것도 사실이다. 투기에 성공한 소수의 사람은 자신의 행위를 투자 행위로 정당화하는 반면, 투기에서 재미를 보지 못한 대다수 사람들은 상대적 박탈감에서 시장을 투기의 원흉으로 지목하고 강력한 규제를 주문한다. 부동산 대책이 규제 일변도로 흐르는 이면에는 국민의 강한 시장 불신이 자리 잡고 있는 것이다. 그러나 부동산 대책이 제자리를 잡으려면 힘들더라도 불안심리를 기반으로 한 국민의 비이성적 요구에서 벗어나야 한다. 투기와 투자는 종이 한 장 차이라는 말이 있듯이 규제와 조세정책으로만 부동산 문제를 해결하려고 할 경우 정당한 진성 거래까지 막는 부작용이 예상된다. 투기는 억제되어야 하지만, 정당한 실수요자도 보호되어야 하지 않을까?

반면 혁신 성장 분야에서는 정부가 시장에 좀 더 가까이 다가서야 한다. 그 이유는 혁신과 같이 복합적(complex) 현상에 대한 최상의 정부 지원은 관계형 서비스이기 때문이다. 혁신은 과학 지식, 생산기술, 마케팅 경험이 두루 축적된 가운데 타성에서 탈피하려는 유인이 더해져야 가능하다. 문제는 여러 요인이 복잡하게 얽혀 있고 요인들 간의 상호작용도 안정적이질 않아서 '1+1=2'의 등식이 혁신의 세계에서는 성립하지 않는다는 점이다. 혁신의 결과를 예단할 수 없기에 작은 변화부터 실천하는 실험정신과 실패에 좌절하지 않는 끈기, 끊임없이 배우고 고치는 유연성이 필요하다. 이러한 혁신 추구 태도가 존중받는 생태계를 조성하는 것이 정부의 역할이다. 생태계 조성은 한번 만들면 끝나는 성격의 일이 아니다. 상시 관찰하고 문제가 발견되면 즉시 고쳐야 하는데, 문제의 원인이 복합적이어서 부서별 칸막이식 접근은 효과적이지 않다. 시스템 사고를 가진 일선 공무원의 종합 서비스가 요구된다. 이것이 관계형 서비스의 요체이다. 관계형 서비스가 가능하려면 일선 공무원이 혁신 생태계에 깊숙이 참여해 현장감을 키워야 하고, 문제 발생 시 기민하게 대응할 수 있도록 충분한 권한이 부여되어야 한다. 혁신이 가능하려면 두 가지가 필요하다. 정부와 시장의 관계를 상호 대립적 관계로 보는 시각에서 벗어나 상호 보완적인 관계로 인식하는 것이 하나요, 정부 스스로도 혁신 지원을 위한 관계형 서비스가 가능하도록 혁신 관련 정부조직을 재정비하고 내부 거버넌스도 개혁해야 한다는 것이 다른 하나이다.

마지막으로 경제의 역동성이 살아나려면 중소기업의 성장 못지않게 대기업의 성장도 중요하다는 것을 강조하고자 한다. 사다리의 끊어진 부분을 잇더라도 사다리가 짧으면 개구리가 우물 밖으로 나오지 못하듯이 대기업이 정체되면 중소기업의 성장도 한계에 부딪힐 수밖에 없다. 기술 프런티어의 확장을 선도하는 대기업의 존재 자체가 중소기업의 혁신 의욕을 자극하는 효과가 있을 뿐만 아니라 중소기업이 글로벌 가치사슬의 장벽을 넘어서는 데에도 도움이 되기 때문이다. 정경유착의 기억 탓에 재벌로 대표되는 대기업에 대해 국민감정이 호의적이지 않은 것은 사실이다. 그러나 과거의 잘못된 기억에 매달려 대기업을 부정적으로 바라보는 것은 문제해결에 도움이 되지 않는다. 역동적인 기업 생태계를 조성하려면 글로벌 가치체계를 선도할 대기업이 꼭 필요한 만큼 과거의 공과에 매달리기보다 미래를 내다보고 역동적 기업 생태계 조성에 대기업이 기여할 부분을 인정하고 장려하는 데 정부가 앞장서 주길 희망한다.

4. 경제정책과 사회정책의 통합적 접근 필요성

흔히 경제 문제와 사회 문제는 분리해 접근하는 것이 일반적이다. 담당 부서가 다르기도 하거니와 분석과 처방의 근거가 되는 사회과학 이론이 분리되어 있기 때문이기도 하다. 그러나 한국경제가 안고 있는 문제는 사회 문제와 분리해서는 결코 해결할 수 없다. 수직적이고 집단주의적인 사회문화를 고치지 않고서는 연줄을 기반으로 한 폐쇄적 파벌의 형성을 막을 수 없고, 폐쇄적 파벌주의가 만연하는 상황을 방치하는 한 외환위기 이후 경제개혁의 화두였던 투명성 제고가 불가능하다는 말이다.

경제 문제와 사회 문제가 분리될 수 없음은 저출산 문제에서도 극명하게 드러난다. 우리나라가 급격한 고령화 문제를 안고 있음은 주지의 사실이다. 그러나 인간의 수명이 늘어남으로써 야기되는 고령화 문제는 우려의 대상이 아니다. 의료기술의 발달로 인한 고령화 자체는 장려할 사항이다. 우리가 우려해야 할 것은 우리나라 여성이 평균적으로 평생 한 명도 안 되는 아이를 낳는 극도의 저출산 현상이다. 그러면 우리나라는 왜 극도의 저출산 문제에 빠진 것일까? 높은 사교육비, 높은 집값, 높은 청년실업률의 이른바 3고(高)가 문제의 핵심이라는 데에는 경제학자들 간에 이견이 없는 실정이다.

이 중 집값 문제와 청년실업 문제는 부동산 대책 및 일자리 정책과 밀접히 관련된 사항이라 여기서 재차 논할 생각은 없다. 그래서 높은 사교육비 문제만을 따로 논하기로 한다. 그동안 입시제도는 수차례 수정되어 왔다. 그러나 일련의 제도 수정 사례들을 관통하는 공통점은 다른 제도와 유리된 '입시제도만의 나 홀로 개정'이었다는 점이다. 이는 그간의 입시제도 개편이 소기의 성과를 거두지 못한 이유가 입시제도 자체가 아닌 다른 영역의 제도적 결함에 있음을 시사하는 것이다.

널리 알려진 대로 우리나라의 입시경쟁은 입시 지옥으로 불릴 만큼 과열되어 있다. 영국의 한 사회학자가 한국의 입시경쟁을 군비경쟁에 비유했을 정도이다(주간동아, 2019). 이웃 자녀가 50만 원짜리 과외를 하면 나도 자식에게 50만 원짜리 과외를 시켜야 하고, 이웃 자녀가 100만 원대 족집게 과외를 하면 내 자식도 똑같이 해야 한다는 점에서 과거 냉전시대의 미소 간 군비경쟁과 비슷해 보였던 모양이다.

여기서 드는 의문은 우리는 왜 이리도 입시경쟁에 목숨을 거느냐이다. 결론을 말하자면 출신 대학의 순위가 사회에서의 신분 서열로 직결되는 것이 가장 큰 이유이다. 문제의 핵심은 대학 순위가 교육 서비스의 질적 수준보다 졸업자들이 사회에서 구축한 학연에 좌우된다는 데 있다(김용학, 2003.6). 대학 순위 자체는 문제가 되지 않는다. 서구 선진국에도 대학 순위가 있다. 그런데도 입시 과열의 부작용이 심각하지 않은 것은 대학 순위가 교육 서비스의 질에 의해 결정되기 때문에 대학 순위가 고착화될 가능성이 낮고, 대학 간 경쟁을 통해 교육 서비스의 질적 개선을 도모할 수도 있기 때문이다. 반면 우리나라의 대학 순위는 교육 서비스의 질적 수준보다 동문들이 구축한 인적 네트워크에 좌우되기 때문에 대학 순위가 항구적 서열로 고착되고, 경쟁을 통한 서비스 개선 효과도 기대하기 어렵다. 그뿐만 아니라 대학 입학 당시의 성적이 나머지 인생의 사회적 위치를 결정하므로 공정하지도 않다. 이런 상황에서는 명문대 합격증이 출세를 보장하는 황금문서이기 때문에 입시경쟁이 사활을 건 전투일 수밖에 없고, 이기기 위해서라면 부도덕한 행위를 서슴지 않고 스펙 관리를 위해 부모의 인맥까지 동원하는 기현상이 나타나는 것이다.

다시 한번 반복하자면 우리나라 입시제도의 문제는 입시제도 자체에 있는 것이 아니라 한국 특유의 연줄 문화(학연)에서 기인한다. 이런 상황에서는 어떤 입시제도든 간에 과열 경쟁과 특혜 시비로부터 자유로울 수 없다. 학생부종합 전형이나 입학사정관 제도 등 수시전형이 단적인 예이다. 수시전형은 다양한 유형의 인재 등용 기회를 대학에 부여하고 소외된 지역 출신의 학생들에게 명문대 입학의 기회를 주자는 좋은 취지에서 시작했지만, 한국 사회의 연줄 문화를 그대로 둔 상태에서 도입되어 제도의 본래 취지가 왜곡될 수밖에 없었다.

잦은 제도 변경에도 입시 과열이 해소되지 않자, 일부에서는 입시 경쟁 자체를 없애자는 주장이 나오고 있다. 그러나 경쟁은 경제적 자유라는 시장경제의 핵심 가치를 위해 없어서는 안 될 필수적인 장치이다. 따라서 입시경쟁을 없애자는 주장은 자유를 포기하라는 주장과 진배없다.

결국 우리나라의 입시 문제를 해결하려면 연줄에 근거한 우리나라의 고질적인 패거리 문화를 고치는 것 이외에는 방법이 없다. 그러면 어떻게 해야 고질적인 연줄 문화를 없앨 수 있을까? 요점만 말하자면 권한의 하부위임을 통해 한국의 조직을 좀 더 수평적으로 만드는 한편, 전문가를 우대하는 조직문화를 정착시켜 제한된 자리를 두고 벌어지는 소모적 경쟁을 해소해야 한다는 것이다.

5. 쏠림을 경계하자

인간이 가치판단을 하고 행동하는 데 이념의 영향으로부터 완전히 자유로울 수는 없다. 우리를 둘러싸고 있는 세상은 복잡하지만, 이에 대한 우리의 이해는 매우 제한적이기 때문에 정보를 취사선택하고 옳고 그름과 사안의 경중을 따질 기준이 필요하다. 주변 세상과 인간을 연결하는 프레임으로서 이념이 존재하는 이유이다.

수많은 인간들이 만들어내는 경제행위의 상호작용을 규명하는 학문인 경제학에도 이념은 존재한다. 공산주의와 비교하지 않더라도 자본주의 내에도 여러 이념이 있고 주류경제학으로 시야를 좁히더라도 사정은 마찬가지이다. 제2차 세계대전 이후 선진국의 경제정책은 1980년을 기점으로 전반기에는 정부의 적극적인 시장개입을 지지하는 케인지언 이념이, 후반기에는 시장 자율을 지지하는 신자유주의 이념이 각기 주도한 것은 잘 알려진 사실이다. 영원한 제국이 없듯이 신자유주의 이념도 2008년 글로벌 금융위기와 뒤이은 글로벌 경기침체를 배경으로 주도적 지위가 흔들리고 있다. 지나친 시장 자율이 금융위기의 원인을 제공했고 소득불평등이 심화되면서 비판의 강도가 그 어느 때보다 높은 가운데 정부의 시장개입도 한시적 위기 대응이라는 꼬리표를 달고 있지만 크게 늘어난 게 사실이다. 경기가 순환하듯이 경제 이념도 성장과 쇠퇴의 순환을 겪음을 우리는 목도하고 있다.

이러한 경제 이념의 부침을 통해 우리는 무엇을 배울 수 있을까? 두 가지로 정리해 보았다. 첫 번째 교훈은 이념이 도그마로 변질되지 않도록 경계할 필요가 있다는 점이다. 이념은 생성 당시의 시대 상황을 반영하기 마련이다. 문제는 주변 여건은 끊임없이 변하지만, 이념은 일단 자리를 잡으면 변화를 거부하는 속성이 있다는 것이다. 그 결과 상황이 변해 이념의 현실 설명력이 떨어졌음에도 인간의 뇌리에 깊이 박혀 문제에 대한 그릇된 처방을 하게 한다. 이념이 도그마로 변질되는 순간이다. 1930년대 대공황을 배경으로 형성된 케인지언 이념은 1950년대 서구 자본주의의 황금기를 뒷받침했으나 1960년대 중반부터 공급 대비 수요 초과 현상이 나타났음에도 정부 주도의 완전고용 노선이 유지되도록 함으로써 1970년대의 글로벌 인플레이션 문제를 야기한 바 있다. 신자유주의도 인플레이션이 화폐적 현상임을 설파함으로써 긴축적 통화정책을 이끌어 글로벌 인플레이션 문제를 해소하는 데 기여했고 규제완화를 통해 2000년대 글로벌 호경기를 견인한 바 있다. 그러나 시장 기능을 과신한 탓에 금융 불균형의 축적을 간과하도록 함으로써 글로벌 금융위기의 단초를 제공한 데다 낙수효과에만 매달려 소득불평등을 심화한 측면이 있다.

두 번째 교훈은 인간은 이념의 지배를 받을 수밖에 없으나 경제 현상은 이념과 무관하다는 점이다. 시대적 이념에 관계없이 수요가 공급을 초과하면 인플레이션 문제가 야기되기 마련이고, 수급의 균형을 회복하지 못 하는 정부 정책은 '백약이 무효'이다. 정부의 과도한 시장개입은 시장 기능을 위축시키지만 맹목적 시장 자율도 탐욕의 방치를 통해 자산 버블과 경제력 집중을 유발한다는 점에서 바람직하지 않다. 정부실패도 있지만 시장실패도 있는 만큼 어느 한쪽에 치우쳐 정책을 펴는 것은 좋지 않다. 어느 일방을 중시하면 경제에 불균형이 쌓이고, 임계치를 넘어선 순간 시장의 자정 기능이 작동하지 않음은 1970년대 글로벌 인플레이션 사례와 2008년 글로벌 금융위기 사례가 입증하고 있다.

두 가지 교훈을 종합하면 이념이 도그마로 변질되지 않고 경제 불균형이 누적되지 않도록 사고와 행동의 유연성을 높이는 것이 긴요하다는 결론에 도달한다. 우선 이념이 시대 상황에 부합하는지를 수시로 점검함으로써 사고의 쏠림을 경계해야겠다. 지나친 시장 자율은 경계해야 하지만, 정부의 시장개입을 무비판적으로 수용하는 것 또한 바람직하지 않다. 시장과 정부가 서로 건설적 관계를 유지하고 있는지를 끊임없이 재점검해야 한다.

또한 단기간에 가격이나 양적 지표가 급격히 상승하거나 하락하면 이론에 근거한 분석에만 의존하지 말고, 일단 의심하고 경제의 쏠림을 완화하는 예방조치를 취할 필요가 있다. 균형은 깨지기는 쉽고, 일단 깨지면 원상으로 회복하기가 여간 어렵지 않다. 대기업과 중소기업 간 기울어진 운동장 문제라든지 정부의 온갖 노력에도 좀처럼 줄어들지 않는 가계부채 문제가 대표적인 사례이다. 문제가 심각해지기 전에 불균형을 조기에 시정하는 노력이 중요하다. 결국 경제는 '가운데'다!

제11장

국민 통합의 정치와 공사 구분의 생활화

1. 자본주의와 민주주의 간 갈등의 역사

시장경제에서는 누구나 자신에게 이익이 되는 방향으로 행동할 자유가 있다. 그러나 인간은 사회적 동물이므로 나의 자유를 위해 남의 자유를 침해해서는 안 된다. 시장경제가 추구하는 경제적 자유는 나를 포함한 우리 모두의 자유를 의미한다. 그러므로 남의 권리를 존중하는 성숙한 시민의식과 사람 간의 갈등을 원칙에 의해 다스리는 법치주의가 시장경제를 유지하는 데 없어서는 안 될 제도적 장치이다.

요컨대 경제적 자유, 시민의식, 법치주의는 시장경제를 구성하는 수많은 사람들이 함께 어울려 사는 데 필요한 최소한의 규칙이다. 그러나 규칙을 만들려면 필연적으로 정치적 과정을 거쳐야 한다. 생각과 이해관계가 다른 사람들이 때로는 갈등하지만, 함께 살기 위해 조금씩 양보해 만들어낸 타협의 산물이 법이요 관행이기 때문이다. 그런 점에서 시장경제를 지탱하는 세 가지 가치는 지극히 공적이며 정치적이다. 이는 시장경제가 유지되고 발전하려면 정치적 과정을 도외시할 수 없음을 의미한다. 특히 사람과 사람 간의 관계를 제어하는 거버넌스를 근본적으로 바꾸는 작업은 새로운 규칙을 정립하는 것인 만큼, 그 과정이 더욱더 정치적일 수밖에 없다. 우리나라의 거버넌스를 시장경제 체제와 좀 더 가깝게 만들려면 정치의 역할이 그만큼 더 중요하다는 의미이다.

우리나라를 포함한 대부분의 선진국은 경제적으로는 시장경제를, 정치적으로는 민주주의를 채택하고 있다. 여기서 시장경제는 이윤 획득을 목적으로 상품을 만들되 불특정다수를 대상으로 교환이 이뤄지는 특수한 형태의 자본주의를 의미한다. 따라서 이 장에서는 편의상 시장경제보다 광의의 개념인 자본주의가 경제체제를 대표하는 것으로 간주하고자 한다.

자본주의와 민주주의 이 둘은 어느새 우리 생활에 없어서는 안 될 존재가 되었다. 그러나 그 역사는 무척 짧다. 둘 중 나이가 많은 자본주의도 산업혁명이 탄생의 계기가 되었으니 300살에 불과하다. 민주주의도 근원을 따지면 프랑스혁명까지 거슬러 올라가지만, 참정권이 모든 국민에게 부여된 현대적 의미의 민주주의는 제2차 세계대전 이후에야 등장한다. 따라서 자본주의 혼자 존재한 시기가 둘이 함께한 시기보다 더 긴 셈이다.

더욱이 자본주의와 민주주의가 평화롭게 공존한 시기도 서구 선진국 기준으로 1950~1960년대에 한정된다. 이 시기를 제외하면 자본주의와 민주주의는 끊임없이 긴장 관계를 형성해 온 것이 사실이다. 1970년대의 인플레이션 문제, 1980년대의 국가부채 문제, 1990년대의 금융화와 민간 부채 문제, 2008년의 글로벌 금융위기와 뒤이어 터진 유럽의 재정위기, 최근에는 브렉시트로 상징되는 반이민 정서와 미국발 보호무역주의의 확산 등 시기에 따라 내용만 바뀌었을 뿐 자본주의와 민주주의는 끊임없이 긴장 관계를 표출하고 있다.

여기서 드는 의문은 자본주의와 민주주의는 왜 늘 긴장 관계에 있는가이다. 자본주의의 근대적 형태인 시장경제가 선택의 자유를 기본 가치로 한다는 점에서 집회결사와 표현의 자유를 기치로 내세우는 민주주의와 어울리지 않을 이유가 없는데 말이다.

그 이유를 알려면 자본주의와 민주주의가 어느 면에서 서로 다른지를 따질 필요가 있다. 차이점은 다음과 같이 세 가지를 꼽을 수 있다.

첫째, 추구하는 가치의 차이다. 자본주의의 핵심 가치는 이윤이다. 자본주의에서는 타인에게 팔아 이윤을 얻을 목적으로 상품을 생산한다. 그 점에서 자본주의는 지역 내 자체 소비를 목적으로 하는 중세 시대의 생산 활동과 구별된다. 생산의 목적이 이윤이다 보니 효율이 강조되고 기여도 차이에 따른 불평등이 당연시된다. 반면 민주주의에서는 부자이건 가난뱅이건 관계없이 누구나 1인 1표의 권리를 행사한다. 따라서 효율보다 평등이 중시된다. 부의 창출에 기여한 정도보다는 인간다운 삶을 살 기본권이 강조된다. 기회의 균등만 있으면 자본주의 기준으로는 정의가 구현되었다고 볼 수 있으나, 민주주의 시각에서는 그렇지 않다. 노동계약이 자유의지에 따른 것이라면 자본주의 시각에서는 별문제가 되지 않지만, 근로조건이 열악하다면 민주주의 시각에서는 문제가 된다. '시장 정의'와 '사회 정의'가 반드시 일치하지 않기 때문이다.

둘째, 집단적 의사결정 방식이 다르다. 자본주의에서는 지위가 높고 자산이 많을수록 의사결정에 미치는 영향이 크다. 대주주와 소액주주가 기업경영에 미치는 영향력 차이가 단적인 예이다. 반면, 민주주의는 철저히 다수결로 의사결정이 이뤄진다. 누구나 한 표만을 행사할 수 있어 힘없는 자들도 잘만 뭉치면 수적 우위를 통해 힘 있는 자를 이길 수 있다. 노동조합이 존재하는 이유이다.

셋째, 민주주의는 지리적 제한이 있는 반면, 자본주의는 국경이 없다. 교통과 통신 발달에 힘입어 무역의 가치사슬이 글로벌화하면서 자본주의의 활동 무대가 국경을 뛰어넘고, 그 결과 국경을 기반으로 한 민주주의 정부의 영향력이 제한을 받는다. 이러한 차이들로 인해 자본주의와 민주주의는 역사적으로 종종 상호 모순적 위치에 처했고, 그에 따른 긴장 관계를 해소하는 과정에서 여러 문제점을 노출하기도 했다. 자본주의와 민주주의 간 긴장 관계를 제2차 세계대전 이후 시기에 국한해 살펴보면 다음의 네 시기로 구분된다.

첫 번째 시기는 1950~1960년대 서구 선진국의 황금 시기이다. 기업 활동의 자유가 보장되는 가운데 노동자 계층의 단체행동권을 보장하고 복지제도를 확충함으로써 효율과 분배의 두 마리 토끼를 다 잡은 시기이다. 이 시기는 민주주의의 형평성 논리가 지배한 시기였지만, 자본주의의 효율성 논리와 큰 충돌은 없었다. 높은 생산성 탓에 큰 어려움 없이 분배 요구가 수용될 수 있었기 때문이다.

두 번째 시기는 1970년대의 인플레이션 시기로, 생산성 저하에 따라 자본주의의 효율성 논리와 민주주의의 형평성 논리가 갈등을 빚던 시기이다. 노동자 계층은 이전 시기의 경험을 토대로 높은 수준의 임금상승을 지속적으로 요구한 반면, 생산성 둔화에 직면한 자본가 계층은 임금상승에 따른 수익 압박을 점차 강하게 느꼈다. 그 결과 노사가 함께 파이를 키우기 위해 협력하기보다 파이의 분배를 놓고 서로 갈등하는 현상이 발생했다. 달리 말하면 1970년대 인플레이션 현상의 이면에는 노사갈등이 자리 잡고 있다. 여기에 인플레이션을 용인하는 정책을 펼쳤던 정부의 소극적 역할도 한몫했음은 물론이다.

세 번째 시기는 1980년대 이후 2000년대 중반까지로 민주주의의 형평성 논리가 퇴조하고 자본주의의 효율성 논리가 대세로 자리 잡은 시기이다. 인플레이션 문제가 사회갈등을 야기하고 국가경쟁력을 약화한다는 인식하에 강성 노조의 약화와 통화 긴축이 우선적으로 추진되었다. 그 결과 인플레이션 문제는 조기에 해소될 수 있었다. 그렇지만 자본주의의 효율성 논리가 민주주의의 형평성 논리를 완전히 구축하기까지는 10여 년의 시간이 더 필요했다. 경기둔화로 실업자가 크게 늘어나면서 정치적 타협의 산물인 복지제도를 손보기에는 정치적 부담이 너무 컸기 때문이다. 그 결과 세수가 줄어드는 가운데 재정지출은 그대로이거나 오히려 늘어 1980년대 내내 재정적자가 증가하고 국가부채가 누적되는 현상이 나타났다. 결국 재정건전성에 대한 시장의 우려가 임계치를 넘어서면서 정부도 지출을 줄일 수밖에 없었다.

1990년대에 대대적인 금융규제 완화가 단행된 데에는 재정지출 감축이 경기에 미칠 충격을 가계대출 확대를 통한 민간 지출 증대로 완화하려는 계산이 숨어 있었다. 그 결과 1990년대 이후 2008년의 글로벌 금융위기에 이르는 기간 내내 민간 부문의 부채가 크게 늘었다. 그러나 이러한 정책은 본질적인 처방과는 거리가 멀었다. 민간의 차입을 장려하는 정책이 생산성 향상을 동반하지 않으면서 경기부양 효과가 크지 않았을 뿐 아니라 소득불평등을 심화하는 민주주의의 형평성 논리와의 긴장도도 갈수록 커져만 갔다.

네 번째 시기는 2008년 글로벌 금융위기 이후의 시기이다. 위기 직후 경기 진작을 위해 재정지출이 확대되고 금융시장 안정을 위해 민간의 부실채권을 공공부문이 떠안는 과정에서 국가부채가 크게 증가했다. 그러나 경기회복이 지연되고 국가채무가 크게 늘어남에 따라 2010년에는 유럽에서 재정위기가 발생했고, 최근에는 이민 유입과 자유무역에 대한 선진국 국민의 반감이 커지고 있다. 이러한 반이민·반자유무역 정서의 확산은 자본주의의 효율성 논리에 반하는 것이지만, 주권국가의 자율성을 훼손하는 글로벌화를 반대하는 것이라는 점에서 민주주의의 논리를 반영한다고 볼 수 있다.

2. 신뢰와 통합의 정치

앞에서 설명했듯이 선진국에서조차 자본주의와 민주주의는 긴장 관계를 이어왔는데 자본주의의 효율성 논리와 민주주의의 형평성 논리가 서로 충돌하는 게 근본 원인이었다. 선진국의 사정이 이러할진대 힘의 논리에 의존하는 거버넌스의 특성이 강한 한국으로서는 그 정도가 더 심할 수밖에 없었다.

우리 사회는 부족한 신뢰를 힘의 논리로 보완해 온 불신 사회이다. 힘의 논리가 지배하다 보니 정치 문제에서는 과반수를 차지한 유권자 계층의 목소리만 반영될 뿐 한 표라도 적은 유권자의 목소리는 무시되기 일쑤이고 경제 문제에서도 권한이나 돈이 많은 사람의 권리만 존중될 뿐이다. 아무리 작은 차이일지라도 더 많은 표를 얻거나 경제력이 더 큰 계층이 정치적 권력이나 경제적 성과의 대부분을 차지할 정도로 우리 사회는 승자독식의 사회이다. 그 결과 정치와 경제를 가릴 것 없이 매사가 승자와 패자를 가르는 게임이 되었고 정의나 공정과 같이 힘의 논리에 반하는 가치는 헌신짝 취급을 받는다. 내 편과 네 편을 가르는 진영논리나 남에게는 정의와 사회적 책임을 요구하지만 정작 자신의 부도덕한 행위에 대해서는 한없이 관대한 이중적 태도도, 따지고 보면 '이기는 것이 옳은 것'이라는 힘의 논리를 반영하고 있다. 정당성이 설 자리가 없기에 총만 들지 않았을 뿐 매사가 전쟁터의 전투를 방불케 하는 사회가 된 것이다. 이것이 한국식 민주주의와 자본주의의 현주소이다.

자본주의와 민주주의는 비록 완전하지는 않으나 인류가 고안한 최상의 제도들이다. 현재로서는 자본주의와 민주주의 외에 달리 대안이 없다는 의미이다. 따라서 국가번영을 지속하려면 이 둘이 공존할 방안을 어떻게든 찾아야 한다. 그러려면 민주주의의 형평성 논리와 자본주의의 효율성 논리가 상충하는 이유부터 살펴보아야 한다.

민주주의와 자본주의가 상충하는 이유는 두 가지이다. 민주주의와 자본주의를 공동 번영의 규칙으로 보기보다 승자와 패자를 결정하기 위한 게임으로 보는 습관적 사고가 첫 번째 이유이고 승자를 결정하는 기준이 다른 게 두 번째 이유이다. 민주주의는 머릿수에 의해 승패가 결정되는 반면, 자본주의는 자산의 크기에 의해 승패가 결정되는지라 어느 기준이 적용되느냐에 따라 국가 운영의 주도권을 쥐는 자가 달라진다. 따라서 민주주의나 자본주의를 승패를 결정하기 위한 게임으로 보는 한, 둘의 갈등은 피할 길이 없다.

따라서 민주주의와 자본주의가 서로 조화되려면 이들을 게임의 시각에서 바라보는 습관에서 벗어나야 한다. 물론 민주주의나 자본주의를 운영하다 보면 표를 얻거나 사업권을 따내는 과정에서 어느 정도의 갈등이나 경쟁은 불가피하다. 그러나 민주주의나 자본주의나 모두 인간이 함께 살기 위해 고안해 낸 제도적 장치라는 점에서 협력이 본질이다. 민주주의와 자본주의를 '세력 대결의 장(場)'으로 보는 한 이들의 충돌은 필연적이지만, '공동의 이익을 위한 협력의 장'으로 인식한다면 이들이 갈등할 하등의 이유가 없다. 민주주의나 자본주의나 국민 모두의 자유가 최고의 가치이고 이를 위해 성숙한 시민의식과 엄정한 법치를 필요로 하는 점에서 공통점이 있기 때문이다.

민주주의와 자본주의가 상호 조화되기보다 긴장된 관계를 유지할 수밖에 없었던 것은 계급 갈등의 역사 탓에 매사를 갈등의 시각으로 바라보는 것이 습관으로 굳어졌기 때문이다. 자본주의 태동기 이래 신흥 세력인 자본가는 정치적으로 기득권 세력인 지주와 싸워야 했고 경제적으로는 공장식 대량생산체제 덕분에 임금 수탈이 이윤을 늘리는 데 도움이 되었으면 되었지 걸림돌로 작용하지 않았다. 그러나 이제는 사정이 완전히 달라졌다. 자본가 스스로 기득권 세력이 된 데다 생산기술이 포드식 생산방식에서 지식생산 방식으로 바뀜에 따라 노사갈등이 기업의 생산성에 커다란 부담으로 작용하게 된 것이다. 더욱이 융합과 연계성이 핵심인 4차 산업혁명이 도래하면서 노사 협력이 기업의 사활을 결정하는 세상이 된 것이다.

생산기술의 특성이 바뀌면 인간관계를 다스리는 거버넌스도 바뀌어야 한다(Von Tunzelmann, 2003). 그러려면 생각의 틀을 바꿔야 한다. 그러나 인간은 습관의 동물이어서 그런지 몰라도 우리의 사고 체계는 여전히 갈등의 시각에 머물러 있다. 이제는 노사 모두가 상대를 믿지 못할 적으로 보기보다 공존을 위해 믿고 협력할 파트너로 인식해야 한다.

매사를 갈등의 관계로 보는 습관은 노사관계에만 국한되지는 않는다. 정치의 영역에서도 사정은 마찬가지이다. 사상의 자유가 인정되는 민주주의 사회에서 보수와 진보 간 경쟁은 어느 정도 불가피하지만 사상의 차이가 경쟁의 선을 넘어 상호배제의 진영 갈등으로 변질된 느낌을 지울 수 없다. 진영 간 이념의 차이가 아무리 크더라도 '헌법'이 인정하는 범위 내의 차이어야 한다는 점에서 상호배제의 정치는 정당화되기 어렵다. 지금 전 세계적으로 확산되고 있는 포퓰리즘은 상호배제의 정치가 본질이다. 겉으로는 특정 이념을 표방하지만 세력화를 위한 구실에 불과하고, 본질은 어디까지나 너와 나를 구분하고 상대를 배격하는 데 있다. 이념 정당으로서의 전통이 취약한 우리의 정치 현실은 선진국에 비해 심하면 심했지 덜하지는 않다고 본다.

결국 민주주의와 자본주의의 조화를 모색하려면 정치든 경제든 간에 세력 다툼이라는 갈등의 구습에서 벗어나 신뢰와 협력의 인간관계로 전환해야 한다. 그래야 국가의 역량을 한데 모을 수 있고, 그래야 날로 치열해지는 글로벌 경쟁에서 살아남을 수 있다. 그러려면 제반 세력이 공유할 수 있는 새로운 가치체계를 정립해야 한다. 민주주의와 자본주의가 공유할 수 있는 가치체계는 무엇인가? 자유, 시민의식, 법치주의라는 시장경제의 3대 가치가 바로 그것이라는 게 필자의 견해이다. 이 가치들은 시장경제의 핵심 가치이면서도 우리 헌법에 명시된 민주공화 체계의 핵심 가치이기 때문이다. 시장경제의 핵심 가치에 대해서는 이미 설명한 바 있어 여기서는 민주공화 체계에 대해 간단히 설명하기로 한다. 민주주의는 선거로 뽑은 국민의 대표가 주권자인 국민을 대신해 주권을 행사하는 정치체계이다. 그러면 공화주의는 무엇인가? 공화주의는 주권이 국민에 있다는 점에서 민주주의와 같지만 국민의 대표를 뽑는 다수결원칙보다는 공공의 선이라는 정치의 본질에 초점을 맞춘다는 점에서 다르다.

공화주의는 세력의 크고 작음을 따지기보다 주권자로서 국민 누구나 누려야 할 기본권을 챙긴다는 점에서 대결과 분열의 정치보다 협력과 통합의 정치를 지지한다. 생각의 차이는 대화와 타협을 통해 얼마든지 극복할 수 있다고 보기에, 민주주의가 세력 간 대결로 타락하지 않도록 보완하는 기능을 한다. 우리나라 '헌법'이 민주공화국을 지향하는 이유가 여기에 있다. 이러한 공화주의의 가치체계는 경제 문제에도 적용된다. 시장경제가 중시하는 경제적 자유가 나만의 자유가 아닌 우리 모두의 자유를 의미한다는 점에서 공화주의자들이 강조하는 비억압(non domination)의 자유와 일맥상통하며, 성숙한 시민의식과 법치주의도 공화주의적 정치체계가 요구하는 특성이라는 점을 상기하면 쉽게 이해될 사항이다.

필자가 공화주의를 강조하는 이유는 대립과 분열의 정치에서 협력과 통합의 정치로 우리나라의 정치풍토를 탈바꿈하는 데 공화주의적 가치가 도움이 된다고 보기 때문이다. 그럼 어떻게 하면 대립과 분열의 정치에서 벗어날수 있을까?

먼저, 정치지도자들 스스로 변화의 필요성을 피부로 느껴야 한다. 위로부터의 변화가 개혁의 성공 가능성을 높이기 때문이다. 그러나 변화의 필요성을 공감하는 것만으로는 부족하다. 어떻게 변화의 첫 삽을 뜰지를 고민해야한다. 이에 관한 필자의 생각은 협력과 통합의 정치로의 변화를 경제 문제에서부터 시작하자는 것이다.

경제 문제는 생존에 관련된 것이라 이해관계가 첨예할 수밖에 없어 정치적 타협이 어려운 것은 사실이다. 그렇지만 경제 문제만큼 이념의 굴레에서 벗어날 필요성이 큰 분야도 없다. 앞서 언급했듯이 경제 문제는 이념의영향을 받을 수밖에 없기도 하지만, 기본적으로 수요와 공급의 법칙이 지배하는 영역이다. 따라서 경제 문제에 관한 한 해법은 이념보다는 이성에 기반할 필요가 있다.

그래서 생각해 보았다. 우리 경제가 안고 있는 당면 과제 중 정치이념에따라 견해 차이가 큰 것부터 해결을 시도하는 것이 어떤지를 말이다. 달리말하면 개선이 필요한 정책과제 중 진보나 보수 어느 한 진영이 찬성하지만다른 진영은 반대하는 것들을 골라 진보와 보수가 각자 한발씩 양보해 맞교환하는 대타협을 추진하자는 것이다. 예를 들면 진보진영은 정리해고의 용이성을 높이는 취업규칙 개정에 동의하고, 보수진영은 집단소송제 도입에동의하는 식의 맞교환을 생각할 수 있을 것이다. 물론 이는 어디까지나 예에불과하기에 필자의 견해를 고집할 생각은 없다. 중요한 것은 여야 정치인들이 우리 경제의 미래를 위해 무엇을 시급히 고쳐야 하고 어떤 것을 양보할수 있을지를 심사숙고해 정치적 타협을 이끌어내는 것이다. 이런 식으로 양보를 통한 타협의 경험을 하나씩 쌓아나가다 보면 우리 경제의 문제들을 해결할 수 있을 뿐 아니라 협력과 통합의 정치를 관행화할 수 있을 것이다.

3. 공사 구분의 생활화

공화주의에 대해서는 다양한 견해가 존재한다. 특히 자유주의자들은 공화주의가 전체주의로 변질되어 자유에 대한 부당한 간섭으로 귀결될 가능성이 크다고 우려한다. 이러한 우려는 공화주의가 공적인 것을 사적인 것보다 중시하는 경향이 있음을 고려할 때 이해하지 못할 바는 아니다.[1] 독일의 바이마르공화국이 히틀러의 국가사회주의 확산을 막지 못한 역사적 선례도 있으므로 공적인 가치를 지나치게 강조하는 것은 경계해야 한다. 그러나 필자가 이해하는 바에 따르면 공화주의는 자유가 최우선 가치라는 점에서 전체주의와는 대척점에 있는 정치사상이다. 다만 정치적 다수의 국민뿐 아니라 정치적 소수의 국민까지 포함하는 국민 모두의 자유를 추구한다는 점에서 절제된 자유를 요구하고, 이를 위해 개인의 자유권 행사에 대한 공권력의 개입을 일정 부분 인정하고 있다는 점에서 자유방임과는 거리가 있다.

사실 공과 사 중 어느 것이 더 중요한지는 동서를 막론하고 인류의 지성사에서 빠지지 않는 오래된 문제이다. 그만큼 중요하면서도 해결이 쉽지 않은 주제이다. 공과 사의 한자어 유래를 보면 私(사)는 경계를 짓는다는 의미를 형상화한 것이라면, 公(공)은 경계를 허문다는 뜻을 형상화한 것이라는 점에

---

[1]   공화주의가 공적인 가치를 중시함은 공화주의(republicanism)라는 단어가 공적인 것(res publica)을 의미하는 라틴어에서 유래한 데에서 잘 드러난다.

서 공과 사는 반대되는 개념이다. 서양에서도 공과 사가 배치되는 개념인 것은 마찬가지이다. 사사로움의 라틴어 어원 'privare'는 '탈취하다'의 뜻을 담고 있는데, 사사로움이란 가정(oikos)에 사는 것으로 폴리스(polis)라는 공적인 영역(res publica)에서 발휘되는 인간의 능력이 박탈된 상태라는 의미가 담겨 있다는 데서 그러하다(하영삼, 2019). 공과 사 중 어느 것이 더 중요한지 문제에서 동양은 선공후사(先公後私)라는 단어가 대변하듯이 사사로움에 비해 공적인 것을 우선시하는 전통을 이어오고 있는 반면, 서양에서는 공적인 것을 우선시하는 아리스토텔레스 이래의 전통과 사적인 것을 우선시하는 자유주의적 견해가 병존하고 있다.

필자는 공적인 것과 사적인 것 모두 중요하다고 보기에 둘 사이에 우열을 둘 생각이 없다. 공적인 것만 강조하면 전체주의로 흘러 개인의 자유가 억압될 가능성이 높고, 사적인 것만 강조하면 힘의 논리가 지배해 자유가 일부 힘 있는 계층에만 국한되는 살벌한 세상이 될 것이기 때문이다.

공화주의는 국민의 적극적 정치참여를 권장한다. 공화주의의 원조 격인 아리스토텔레스(Aristoteles)는 시민의 일원으로서 폴리스 운영에 적극적으로 참여하는 것이야말로 시민의 자유를 신장하는 길이라고 주장할 정도였다. 맞는 말이다. 그러나 획일적이고도 폐쇄적인 집단의식이 지배하는 우리 사회의 현실은 국민의 적극적 정치참여보다 공과 사를 제대로 구분하는 것이 더 시급한 과제임을 보여준다.

현대인의 일상생활은 여러 영역이 섞여 있다. 가족관계가 중심인 사적 영역 이외에 가족이라는 울타리 밖의 사회적 영역, 그리고 경제인과 주권자로서의 공적 영역이 있다. 인간이 독립된 인격체로서의 자아를 유지한 상태에서 사회의 일원으로 균형 잡힌 삶을 영위하려면 세 영역 모두가 필요하다. 문제는 세 영역이 각기 다른 행동양식을 요구하므로 일상생활에서 세 영역을 조화롭게 꾸려나가기가 생각만큼 쉽지는 않다는 것이다.

한국 사회가 안고 있는 가장 큰 문제는 획일적이고도 폐쇄적인 집단주의 문화 탓에 앞에서 언급한 세 영역 중 사회적 영역이 차지하는 비중이 지나치게 크다는 것이다. 사회적 영역의 이상 비대는 사적 영역과 공적 영역을 위축시킴으로써 자유의 억압과 공사의 구분 부재라는 두 가지 문제를 일으킨다.

먼저 자유의 억압 문제부터 살펴보자. 집단주의 사회는 사회가 개인에 우선하는 사회이기에 사회규범을 강조하는 과정에서 여러 유형의 스테레오타입을 양산한다. 상사 앞에서 의견을 함부로 말하면 안 되고, 내부고발은 배신행위라 해서는 안 되고, 일본을 칭찬하는 것은 매국행위라는 등등 우리 사회에는 하지 말아야 할 금지행위 목록이 무척 많다. 그래서 자유민주주의 사회에 살고 있건만 한국인은 자신의 속내를 드러내길 무척 꺼린다. 암묵적인 자유의 억압은 개인의 자족감을 떨어뜨리고 생각의 다원성, 나아가 창의성을 해치는 부작용을 일으킨다.

사회적 영역의 이상 비대가 야기하는 두 번째 문제는 공사의 구분 부재 현상이다. 우리 사회는 인연을 중시하기에 사적인 관계로 형성된 인연이 공적인 관계에 우선하는 상황이 자주 연출된다. 자신이 속한 조직의 이익에 반하는 동창의 무리한 청탁을 들어주는 것이나 같은 이념을 가진 인사의 불법행위를 눈감아 주는 등의 비리 행위는 따지고 보면 공과 사의 경계가 불분명한 우리 사회의 관행 탓이 크다. 출신 지역이나 학교가 같은 직원을 우선하여 승진시키거나 좋은 보직에 임명하는 등 은밀한 형태의 인사 관행도 따지고 보면 공사의 구분 부재가 초래한 현상인데, 이러한 연줄 위주의 인사 관행은 공정경쟁이란 법치주의를 훼손한다는 점에서 실정법 위반 여부를 떠나 공공선의 회복 차원에서 근절되어야 할 부정행위이다.

따라서 우리 사회의 취약한 견제 기능을 살리려면 두 가지가 필요하다.

하나는 폐쇄적 연줄 문화를 시정해야 하는 것이고 다른 하나는 이념이 공적인 역할에 개입하지 못하도록 해야 한다는 것이다. 사회적 동물인 인간이 무리를 형성하는 것 자체를 비난할 수는 없겠지만, 사적인 인연은 어디까지나 자신의 뿌리를 찾고 사회적 친목을 도모한다는 원래의 취지에 충실해야 한다. 지연과 학연이 부정 청탁이나 파벌 형성 등을 통해 공적인 영역까지 침범해서는 안 된다는 말이다.

연줄을 없애자는 필자의 주장에 대해 어떤 사람은 선진국도 학벌을 따지고 동향을 찾는다면서 지연과 학연은 인간 사회라면 피할 수 없는 자연스러운 현상이라고 주장할지 모른다. 그러나 이러한 주장은 반은 맞고 반은 틀린 것이다. 선진국에서도 지연과 학연은 출세에 도움이 되는 귀중한 사회자본이지만, 이는 어디까지나 일과 관련한 정보를 얻는 차원에서 유용할 뿐이다. 선진국에서는 교수가 제자의 추천서를 쓸 때나 감사가 공직자의 업무를 평가할 때 사적 인연을 배제한 채 오로지 객관적인 성과만을 고려하는 게 불문율이라는 것은 필자의 관찰 경험과 관련 연구가 보여준다(Bachmann and Hanappi-Egger, 2014).

우리 정치에 진영논리가 횡행하는 것도 따지고 보면 공과 사를 구분하지 못하는 한국식 문화의 병폐 탓이다. 누구나 자신만의 신념 체계가 있다. 그리고 생각이 같은 사람이 모여 정당을 형성하는 것 또한 자연스럽다. 그러나 정당 활동 이외의 영역에서 개인의 사상 체계가 각자가 맡은 업무에 개입하는 것은 옳지 않다. 자신이 맡은 일의 관점에서 보면 아무리 본인이 옳다고 믿더라도 개인의 신념은 일과 관련해서는 어디까지나 사적인 것일 뿐이다. 따라서 개인의 신념이 자신의 공적 역할에 간섭함을 허용하는 것은 공과 사의 경계를 허무는 것과 진배없는 것이다.

상대가 친구이건 친척이건 아니면 이념을 공유하는 동지이건 간에 일에 있어서만은 냉정해야 한다. 견제의 전선은 어디까지나 '완장을 찬 자'와 '완장을 차지 않은 자' 간에 형성되어야지 이념이나 연줄의 폐쇄적 집단을 경계로 형성되어서는 안 된다.

제12장

국민 모두가 함께 하는 경제 재건

1. 경제 재건을 위한 내과 처방전

오늘날 우리 경제가 안고 있는 문제는 무엇인가? 그 대답은 어디를 보느냐에 따라 다르다. 거시경제학자들은 고령화나 생산성 정체를, 노동경제학자들은 노동시장 이중구조를, 산업조직론을 전공한 학자들은 전근대적인 기업지배구조나 대기업과 중소기업 간 경제력 격차를, 금융론을 전공한 학자들은 금융산업의 낙후를 각각 거론한다. 다 맞는 말이다. 장님이 코끼리 전체를 그릴 수 없듯이 경제학자들이 전체 그림을 그리기에는 우리 경제가 너무나도 크고 복잡하다.

문제해결을 위한 처방도 사람마다 다르기는 마찬가지이다. 고령화나 생산성 정체 문제와 관련해서는 규제완화나 혁신 체계의 구축이 강조되는 편이고, 노동시장의 이중구조 문제와 관련해서는 제도개선을 통한 노동시장의 유연화가 단골 메뉴이다. 기업지배구조나 대기업과 중소기업 간 경제력 격차 문제의 경우 기업소유구조나 공정거래 관련 법규 강화가, 금융산업의 낙후 문제의 경우 금융회사 소유 구조 개선이나 경쟁적 시장 환경 조성이 각기 거론되고 있다. 주제에 따라 처방이 다른 것은 당연하다.

그러나 이런 처방들을 볼 때마다 필자는 묘한 불만을 느낀다. 근본적인 처방이 아닌 단편적인 대증요법이 아닌가 하는 의심이 든다. 그렇게 생각하는 가장 큰 이유는 우리 경제의 당면 과제 대부분이 오래전부터 있어온 만성적인 문제라는 것이다. 혁신 체계의 구축은 창조경제, 혁신 성장 등 이름만 다를 뿐 정권이 바뀌어도 빠지지 않는 단골 메뉴이다. 그나마 대기업의 경우 삼성전자나 현대자동차와 같은 세계적인 기업이 있지만 중소기업의 경우 기술력이 답보 상태라 대기업과의 경제력 격차가 날로 벌어지고 있고, 혁신적 기술과 아이디어로 무장한 신생기업의 출현도 '가물에 콩 나듯' 한다. 규제 완화도 모든 정권이 부르짖었건만 기업이 느끼는 체감도는 여전히 낮다. 노동시장의 이중구조 문제나 기업의 지배구조 개선 문제, 금융산업의 발전 문제는 외환위기 이후 경제개혁의 주된 대상이었으나 여전히 낙후된 분야로 평가받고 있다.

오랫동안 해결이 안 된 것은 그만큼 문제가 까다롭기 때문일 수 있으나 지금까지의 진단이나 처방이 잘못되었기 때문일 수도 있다. 결론을 말하자면 지금까지의 문제해결 방식은 근본적인 원인을 내버려 둔 채 증상만을 좇는 대증요법이었다는 게 필자의 견해이다. 대증요법이 아닌 근본적인 치유책을 마련하려면 종합적인 접근이 필요하다. 그러려면 한국경제의 여러 난제를 함께 분석할 필요가 있다.

먼저 노동시장의 이중구조 문제를 보자. '같은 노동을 제공함에도 정규직이냐 아니냐에 따라 다른 임금을 받는' 게 겉으로 드러나는 문제의 핵심이다. 그러나 한 단계 더 들어가면 노동시장의 경직성이 이중구조의 원인으로 작용하고 있음을 알 수 있다. 정규직은 일단 채용하면 경영 상황에 따라 탄력적으로 조정하기가 어려우므로 경영진은 조직의 유연성 확보 차원에서 정규직 채용을 꺼린다. 그러면 우리나라의 정규직 노동시장은 왜 이토록 경직적인가? 이를 알기 위해 한 단계 더 들어가면 우리는 노동자와 경영진 간의 극심한 불신을 만나게 된다. 경영진은 노동자들이 회사 사정을 외면한 채 과도한 임금인상을 요구한다고 불만을 토로하는 반면, 노동자들은 법적 보호가 없으면 경영진들이 부당 해고를 일삼을 것이라 믿고 있다. 그래서 부당 해고 가능성을 의심하는 노동자들은 고용 보호를 완화할 생각이 없고, 경영진은 정규직보다 해고가 쉬운 비정규직 채용을 선호한다. 요약하면 노사 간 불신이 노동시장 이중구조의 원인인 셈이다.

그러면 노사 간 불신의 원인은 어디에 있는가? 한국경제 전체의 시각에서 역사적 원천을 찾는다면 아무래도 가족 중심의 권위적 기업경영이 아닐까 생각한다. 가족 중심의 권위주의 경영은 소수의 창업주 일가가 절대적인 지시통제권을 행사하는 경영방식이다. 타협이나 설득의 거추장스러운 절차가 없어 의사결정이 신속하지만, 기업의 경영 상황이 직원들에게 충분히 전달되지 않는 데다 의사결정이 일방통행식이다 보니 경영 상황에 대한 경영진의 설명을 노동자들이 믿지 않는 일이 잦다. 달리 말하면 소통 결핍이 신뢰부족으로 이어진 셈이다. 물론 가족 중심의 권위적 기업경영 문화는 상거래 경험이 일천했던 경제개발 초기에는 사회 구성원 간 신뢰 부족의 빈자리를 메우는 역할을 했다. 그러나 이제는 노사 간 불신을 증폭시켜 노동시장의 이중구조를 심화하고 기업지배구조의 개선을 더디게 하는 부작용이 더 크다.

요약하자면 전근대적 기업지배구조(가족 중심의 권위적 기업경영) 문제가 노사 간 불신을 매개로 하여 노동시장의 이중구조 문제로 연결된 것이다.

가족 중심의 권위적 경영의 폐단은 기업의 울타리를 넘어 기업의 생태계에도 영향을 주었다. 설득과 타협이 필요한 외주보다 지시와 통제가 가능한 내부 계열화를 선호함에 따라 문어발식 계열화로 거대 재벌이 등장했고, 외주가 불가피한 경우에는 힘의 불평등을 전제로 한 주종 관계가 기업 관계를 결정했다. 그 결과 재벌은 날로 비대해지는 가운데 주종적 하청 관계가 중소기업의 성장과 혁신을 가로막는 요인으로 작용하고 있다.

결국 전근대적 기업지배구조가 노동시장의 이중구조 문제는 물론이고 대기업과 중소기업 간 경제력 격차 확대로 이어졌고, 그 연결선상에 사회적 불신이 자리 잡고 있는 것이다. 이는 우리 경제의 당면 과제들을 치유하려면 사회적 불신을 치유해야 한다는 의미다. 그러나 지금까지 우리의 대처 방식은 거칠게 표현하면 사회적 불신을 치유하기보다 지시와 통제라는 힘의 도구로 그것을 덮은 데 불과하다. 수직적 위계질서와 공권력을 통한 문제해결은 경제개발 초기에는 어느 정도 효과적이었지만, 시간이 지나면서 점차 한계를 드러냈다. 신뢰가 없다 보니 힘의 논리로 문제를 해결하려 했으나 이것이 근본적인 대책이 아니다 보니 경제의 이중구조 문제를 해소할 수 없었고, 문제가 안 풀리다 보니 지시와 통제에 더욱더 매달린 것이다.

우리나라는 변변한 천연자원이 없고 가진 것이라고는 사람이 전부이다. 교육을 통한 인적자본 개발이 중요할 수밖에 없는 이유이다. 그러나 "구슬이 서 말이라도 꿰어야 보배"라는 말이 있듯이 개개인의 인적자본이 아무리 훌륭하더라도 이들을 하나로 묶을 사회자본이 있어야 국가의 역량을 극대화할 수 있다. 해방 후 지금까지 우리는 인적자본의 개발에는 많은 관심과 노력을 기울여 왔고 상당한 성과를 거두었으나 사회자본의 육성에 관한 한 관심과 노력이 부족했던 것 또한 사실이다. 지금 우리가 겪고 있는 저성장 문제는 따지고 보면 사회자본에 대한 그간의 투자 소홀이 초래한 결과라 하겠다. 신뢰 부족 탓에 사람과 사람 간의 관계가 건강하지 않았고, 사람 간의 관계가 건강하지 않다 보니 지시와 통제라는 약제에 의존했으나 근본적인 처방이 아니므로 경제활력을 회복할 수 없었다는 것이다.

우리 경제를 인체에 비유하자면 사람과 사람 간 관계가 건강하지 않다는 점에서 현재 당뇨병과 같은 대사성질환을 앓고 있는 것으로 보인다. 사람과 사람 간 관계가 건강하지 않다는 것은 경제의 건강 척도인 역동성(dynamism)과 포용성(inclusion)이 날로 하락하는 현상이 잘 말해주고 있다. 우선 스타트업이 대기업으로 성장하거나 개천에서 태어난 사람이 용이 되는 사례 모두 이제는 찾아보기 어려울 정도로 경제의 역동성이 매우 낮다. 둘째, 높은 청년실업으로 많은 사회 새내기들이 경제적 자립은 고사하고 독립된 인격체로서 성장할 기회를 얻지 못하고 있으며, 생계비 마련에 급급해 미래를 위한 투자를 포기하는 사람들도 적지 않다. 이러한 포용성 약화는 그 자체로 정의롭지 못할 뿐 아니라 이대로 방치하면 공동체의식을 잠식하고 우리 경제의 성장잠재력을 떨어뜨릴 것이다.

이런 점에서 우리 경제의 당면 과제는 역동성과 포용성을 높이는 방향으로 경제의 체질을 개선하는 것이라고 본다. 그러면 역동성과 포용성은 어떻게 기를 것인가? 기본에 충실함이 답이라 생각한다. 여러분이 의사라면 대사성질환 환자에게 무슨 처방을 내릴지를 상상해 보라! 균형 잡힌 식단과 적절한 운동이 처방의 핵심 아니겠는가? 경제도 마찬가지이다. 신뢰에 기반을 둔 인간관계를 회복하고 경제 내에 쌓인 불균형을 해소하는 것이야말로 경제의 체질을 개선하는 지름길이다.

이 책에서 국민 모두의 역량강화를 강조한 것도 따지고 보면 국가경영의 기본을 회복하자는 뜻을 담고 있다. 그러면 국가경영의 기본은 무엇인가? 불특정다수를 대상으로 한 시장 교환이 활성화되려면 모든 경제주체가 서로를 믿고 거래할 수 있어야 한다는 점에서 신뢰의 인간관계가 가능한 여건을 만드는 것이야말로 국가경영의 기본이라 하겠다. 권한의 하부위임을 제안한 것이나 공평무사한 변혁의 리더십, 진영을 초월한 상생과 통합의 정치, 엄격한 공사 구분 등을 주문한 것 모두 신뢰를 기반으로 한 거버넌스가 가능하도록 여건을 조성하는 데 필요한 최소한의 요건이라 생각했기 때문이다.

역량강화가 국민 모두의 신뢰 회복으로 연결되려면 어느 일방의 의지만으로 해결할 수 없고, 타협과 설득을 통한 쌍방의 이해와 협조가 전제되어야 해결할 수 있는 문제이다. 여기서 기존의 문제해결 방식의 한계가 드러난다. 의학용어에 비유하자면 내과 처방이 필요한 증상에 외과수술로 대처한 것이라고나 할까? 이왕 비유를 쓴 김에 외과수술과 내과 처방의 차이를 비교해 보기로 한다. 외과수술의 경우 환자는 수술대에 누워 의사에게 몸을 맡기면 모든 것을 의사가 알아서 처리한다. 처리에 걸리는 기간은 복잡한 경우라도 하루면 충분하다(물론 수술 후 회복 기간이 필요하다). 반면 내과 처방의 경우 환자가 처방을 따르지 않는다면 명의의 처방도 효과가 없듯이 환자와 의사의 상호 신뢰가 필수적인 데다 완치까지 상당한 기간이 소요되는 것이 보통이다. 물론 외과수술이나 내과 처방 모두 의사에 대한 환자의 신뢰가 전제되어야 한다. 다만 외과수술의 경우 환자의 역할이 수동적이어도 무방한 반면, 내과 처방의 경우 환자의 더 적극적인 역할이 필요하다는 차이가 있다.

이제 한국경제의 문제를 외과수술과 내과 처방의 비교 시각으로 재해석해 보자. 이를 위해 경제정책 당국을 의사에, 시장경제 참가자들을 환자에 비유하고자 한다. 이에 따르면 지시와 통제의 형태를 띠는 경제정책은 일방통행형 외과수술에, 대화와 설득을 바탕으로 하는 경제정책은 상호작용형 내과 처방에 가깝다고 할 수 있다. 이런 차이를 염두에 두고 그동안 한국 정부가 단행한 여러 정책을 살펴보자. 두 가지 특징이 발견된다. 우선 대부분의 정부 정책은 지시와 통제에 기반을 두고 있다는 점에서 외과수술에 해당한다고 할 수 있다. 1970년대에 이뤄진 중화학공업 육성이나 외환위기 직후 단행된 금융기관 통폐합 조치가 대표적인 예이다. 두 번째 특징은 정부의 개혁 노력에 비해 성과가 미진한 부분들은 대부분 내과 처방이 필요한 부분들인데 외과 처치로 대처한 부분들이라는 특징이 있다. 노동시장 개혁, 기업지배구조 개선, 금융개혁의 3대 개혁 과제들이 대표적인 예이다. 이 3대 부분들은 외환위기 이후 역대 정부의 핵심 개혁 과제였음에도 여전히 한국경제의 가장 낙후된 부문으로 평가되고 있다(Lee et al., 2005). 그 이유는 앞서 밝혔듯이 사회적 불신이라는 공통 원인이 있으므로 이해당사자 계층의 타협과 협조가 필수적이지만, 정부 정책은 겉으로 드러나는 증상에 반응하는 방식으로 이뤄져 왔기 때문이다. 물론 정부도 이해당사자 간 타협을 이끌어내려는 노력을 하지 않은 것은 아니다. 노사정협의체가 대표적인 예이다. 그러나 노사정협의체는 1990년대 말 출범한 이래 파행을 거듭한 채 아직 소기의 성과를 거두지 못하고 명맥만 겨우 유지하고 있다. 왜 그럴까? 노사 간 불신이 가장 큰 걸림돌인 것은 틀림없지만, 노사의 타협을 이끌어낼 보완적 장치 없이 대화에만 매달린 데 원인이 있다고 생각한다.

그러면 더 나은 해결책은 무엇인가? 구체적 방안을 내세우기에는 필자의 능력이 부족한바 몇 가지 방향을 제시하는 선에서 만족하고자 한다.

첫째, 경제 문제를 해결하는 것이 정부만의 책임이 아니다. 내과 처방의 경우 의사의 처방도 중요하지만 이를 따르는 환자의 의지도 중요한 것처럼, 경제 각 계층이 각자의 역할을 충실히 할 필요가 있다. 정책 분야 중 노동시장의 개선이나 기업지배구조의 경우가 대표적이다. 정부가 아무리 적절한 대책을 마련하더라도 경영진이나 노동자 계층이 고통을 분담하려는 의지가 없으면 백약이 무효이다. 민간 부문의 동참을 이끌어내야 한다는 의미에서 정부 정책도 규제중심형 거버넌스(regulatory governance)에서 자발적 참여 유도형 거버넌스(collaborative governance)로 바꿀 필요가 있다.

둘째, 우리 경제의 문제점 상당 부분이 조직문화나 지배구조와 관련되어 있는 만큼 조직문화를 개선하는 방향으로 정책이 집행되어야 한다. 특히 규제완화가 가시적 성과를 거두지 못하는 가장 큰 이유가 인허가 업무를 담당하는 일선 공무원의 복지부동 문제에 있는 만큼 권한을 하부위임 하고 일선 공무원의 업무평가를 결과 중심에서 과정 중심으로 바꾼다면 일선 공무원이 좀 더 소신껏 일할 수 있을 것이다. 기업경영에서도 가족 중심의 권위적 기업경영이 노사불신의 단초를 제공하는 만큼 권한의 하부위임 등을 통해 기업의 투명성을 실질적으로 높일 필요가 있다. 지금까지의 기업 투명성 규제가 소기의 성과를 거두지 못한 것은 조직문화의 개선 없이 외적인 규제를 통해 투명성을 높이고자 했기 때문이다. 조직문화 개선을 국민운동 차원에서 추진해야 하는 이유가 여기에 있다. 아울러 정규직 노동시장이 경직적인 이유가 상당 부분 부당 해고에 대한 노동자들의 의구심에서 기인하는 점을 고려할 때 실업보험을 확충해 정리해고에 대한 노동자들의 두려움을 줄이는 한편, 정리해고의 규칙을 좀 더 명확히 함으로써 노동시장의 유연성 제고가 부당 해고로 악용될 소지를 줄일 필요가 있다.

셋째, 사회갈등을 줄이지 않고서는 신뢰 회복이 불가능한 만큼 계층 간의 갈등을 조장하는 정책은 가급적 피해야 한다. 특히 좌와 우의 이념대립이 경제의 백년대계를 거스르지 않도록 정책 집행도 이념 갈등을 줄이는 방향으로 이뤄질 필요가 있다.

2. 경제발전과 안나 카레니나 원칙

　모든 나라가 경제발전을 꿈꾼다. 그러나 꿈을 이룬 나라는 많지 않다. 경세제민(經世濟民)을 추구하는 학문의 성격상 경제학도 경제발전을 이끌어내기 위한 방안을 오랜 기간 고민해 왔다. 그러나 지금까지의 성과는 실망스러운 게 사실이다. 1950년대와 1960년대에 걸쳐 주류였던 정부 주도의 수입대체 전략이 기대에 미치지 못하자 그에 대한 반작용으로 1980년대 이후 시장 자유화와 개방이라는 정반대의 처방이 주류의 자리를 꿰찼다. 이 또한 소기의 성과를 보지 못했음은 주지의 사실이다. 설상가상으로 그나마 몇 안 되는 경제발전 성공 사례도 경제학계의 정책 권고를 따르지 않은 국가들에서 나왔다. 경제학자들의 어깨가 무거운 이유이다.

　무엇이 잘못되었을까? 이를 알려면 경제발전이라는 단어부터 생각해 보아야 한다. 발전이 단순히 양적인 팽창을 의미하지는 않는다. 그보다는 어제보다 오늘이 나은 질적인 개선을 의미하는데, 이를 위해선 경제 행태가 달라져야 한다. 인간은 습관의 동물이듯, 경제도 마찬가지이다. 경제가 발전한다는 것은 오랜 습관의 딱딱한 껍질을 깨고 한 단계 성숙함을 의미한다. 조지프 슘페터(Joseph Schumpeter)가 혁신을 "창조적 파괴"로 불렀듯이 경제발전도 습관을 창조적으로 깨는 행위에서 비롯된다.

　문제는 습관을 깨기가 쉽지 않다는 것이다. 그래서 경제발전은 쉽지 않다. 가난의 굴레를 벗어던진 경제발전 사례가 흔치 않은 이유이다. 또한 습관을 깨는 창조적 파괴가 가시화되기까지 어느 정도의 잠복기간이 필요하다. 따라서 타이밍을 가늠하기도 쉽지 않다. 한마디로 경제발전에는 '1+1=2'가 성립되지 않는 복합성(complexity)이라는 특징이 있다.

　그렇다고 모든 습관을 한꺼번에 다 깰 필요는 없다. 가장 큰 걸림돌이고 비교적 단기간에 바꿀 수 있는 습관부터 고치면 된다. 한 번에 하나씩 말이다. 우리나라의 발전 경험도 이를 잘 보여주고 있다. 시장경제 경험이 일천했던 경제발전 초기에는 소수의 능력 있는 기업인들을 골라 각종 특혜를 주는 대신 세계무대에서 경쟁하도록 했다. 처음엔 단순한 노동집약적산업에서 출발한 후 경험이 쌓이는 대로 중화학공업 등 좀 더 복잡한 산업으로 이행했다. 산업구조가 어느 정도 성숙한 후에야 시장경제 활성화를 위한 제도개선에 나섰다. 처음부터 선진국의 모든 면을 다 모방하려 하지 않았다. 이것이 한국의 경제발전 성공 비결이다. 반면 체제 전환 초기의 러시아나 1980년대의 남미 국가들은 서구 선진국의 제도를 한꺼번에 수용했고, 그 결과는 재앙에 가까운 경제 혼란이었다.

결국 경제발전은 매 순간 우리가 할 수 있는 것부터 차근차근 실천해 나가는 '실용성'과 그 과정에서 드러나는 결과들을 통해 전략을 수정해 나가는 '융통성', 그리고 변화를 일관되게 꾸준히 밀고 나가는 '끈기'가 합쳐져야 비로소 가능해진다.

경제발전에 성공한 나라들은 저마다 시작 단계의 경제 상황이 달랐다. 따라서 경제발전을 위한 전략도 그 내용이나 순서가 다를 수밖에 없었다. 이런 점을 강조하기 위해 안나 카레니나 원칙(Anna Karenina Principle)을 준용하고자 한다. 톨스토이는 소설 『안나 카레니나』에서 "행복한 가족은 다 똑같다. 그러나 불행한 가족은 저마다 다른 이유로 불행하다"라는 유명한 문구를 남겼다. 재러드 다이아몬드(Jared Diamond)는 그의 베스트셀러 『총, 균, 쇠』에서 "6가지 조건들이 모두 충족되어야 야생동물을 가축으로 변모시킬 수 있다"라고 주장하면서 이를 '안나 카레니나 원칙'이라고 명명한 바 있다. 이를 경제발전에 적용하면 "정체된 경제는 다 똑같다. 그러나 발전하는 경제는 저마다 다른 이유로 발전한다"라는 말로 귀결된다.

여기서 드는 의문은 행복의 경우 모든 조건이 충족되어야 하는 반면, 발전의 경우는 왜 그렇지 않은가이다. 그 차이는, 행복은 현상 유지이고 발전은 현상 파괴이기 때문이다. 좋은 의미이든 나쁜 의미이든 현상 유지와 현상 파괴의 조건은 다른 법이다. 경제발전이 어려운 이유는 충족해야 할 조건이 많아서가 아니나. 한거번에 모든 것을 해결하기보다 가장 큰 장벽부터 하나씩 헤쳐 나가면 된다. 문제는 그게 무엇이고 어떤 방법과 순서로 접근해야 할지 미리 알기 어렵다는 것이다.

1990년대 말을 기점으로 우리는 한국식 거버넌스를 개발연대의 성장촉진형 거버넌스에서 시장촉진형 거버넌스로 전환을 시도하고 있다. 지금까지의 성과가 실망스러운 이유를 비유적으로 표현하자면 경제발전의 안나 카레니나 원칙을 위배했기 때문이나. 여건이 성숙되지 않은 상태에서 무리하게 거버넌스 전환을 추진하기도 했거니와, 거버넌스의 전환에 부수되는 법과 관행의 불일치 문제를 적절히 제어하지 못한 것이 문제였다. 거버넌스의 변화는 단순히 국민소득이 늘고 경제구조가 복잡해지는 피상적 변화에 그치지 않고 사람과 사람 간 상호작용을 제어하는 방식, 즉 '경제하는 습관' 자체를 바꾸는 것이다.

앞에서 분석했듯이 시장촉진형 거버넌스는 우리 경제가 나아갈 유일한 지향점이다. 그런 점에서 공정하고도 투명한 시장 제도를 확충하기 위한 지금까지의 정책 방향은 옳은 것이다. 그러나 경제개혁의 초점이 공적제도 개선에 맞춰지면서 공적제도(법)와 비공식제도(관행) 간 부정합성 문제가 불거졌다. 그 결과 경쟁이 왜곡되고 투명성이 제자리걸음을 하는 상황에 놓여 있다.

이제 불신이 불신을 낳는 관행에서 벗어나야 할 시점에 이르렀다. 외환위기 이후 추구해 온 '공정'의 가치를 제대로 구현함은 물론이고, 저성장의 늪

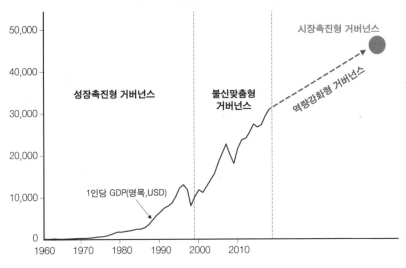

그림 12-1 한국식 거버넌스의 지향점

성장촉진형 거버넌스

불신맞춤형
거버넌스

역량강화형 거버넌스

시장촉진형 거버넌스

1인당 GDP(명목,USD)

에서 벗어나려면 불신의 인간관계를 더 이상 방치할 수 없기 때문이다. 문제
는 관행이 하루아침에 바뀔 수 없으므로 우리 사회의 문화적 기저를 전제로
한 상태에서 시장경제에 걸맞은 방향으로 관행을 서서히 바꿔야 한다. 그러
려면 지시 및 통제 위주의 거버넌스에서 벗어나 경제 구성원 모두의 주도적
참여를 전제로 하는 거버넌스로 진화해야 한다. 이것이 역량강화형 거버넌
스의 요체이고, 그 역할은 우리 경제의 거버넌스를 진정한 의미의 시장촉진
형 거버넌스로 이끄는 징검다리 역할을 하는 데 있다.

서로 믿어
모두가 자유로운 세상을 그리며

　요즈음 한국경제를 보노라면 오랜 연식의 자동차를 탔을 때의 느낌이 든다. 가속페달을 힘껏 밟아도 소리만 요란할 뿐 시원스레 치고 나가는 맛이 없는 낡은 자동차처럼 초저금리를 유지하고 재정지출을 대폭 늘려도 답답한 경기 상황은 좀처럼 풀릴 기미가 없다. 게다가 이곳저곳 손볼 데가 많고 기름도 많이 먹는 자동차처럼 정부의 손길이 닿지 않으면 스스로를 지탱하기 어려운 민간 영역이 갈수록 늘고 있다.

　자동차는 낡으면 새 차로 바꾸면 그만이지만, 경제는 그럴 수 없다. 낡은 엔진은 버릴 수 있어도 경제의 핵심인 사람은 버릴 수 없기 때문이다. 결국 늙은 경제를 젊게 만드는 수밖에 없다. 자동차를 젊게 만들려면 낡은 부품을 교체하고 엔진의 묵은 때를 깨끗이 청소해야 하듯이 경제를 젊게 만들려면 경제의 원활한 흐름을 가로막는 낡은 관행들을 고쳐야 한다.

　관행은 오랜 기간 축적된 역사의 산물이라 쉽게 고칠 수 있는 것이 아니다. 그러나 우리 경제를 젊게 만들려면 관행을 고치는 게 유일한 해결책인 것을 어쩌겠는가? 아무리 문제가 심각하더라도 환자의 생명을 포기할 수 없는 의사의 절실한 마음가짐으로 경제 문제에 도전할 필요가 있다.

관행은 사람과 사람의 관계를 제어하는 사회 규약이다. 규약을 만드는 것은 함께 살기 위해서이다. 인간은 생각하는 동물이라 자신의 의지대로 행동하길 원하지만 제멋대로 살 수 없는 사회적 동물이기도 하다. 생산기술과 산업구조의 고도화로 여럿이 힘을 합쳐야 가능한 일들이 많아진 데다 생각과 이해관계가 다른 사람들이 함께 어울리다 보니 제한된 기회를 두고 경쟁하기도 하고 파이의 분배를 두고 갈등하기도 한다. 사회 규약은 이런 문제들을 해결하는 데 도움이 되어야 한다.

그러면 관행은 어떠해야 좋은 사회 규약일까? 단순화하면, 생각하는 동물이자 사회적 동물인 인간의 이중 요건을 조화해야 좋은 관행이다. 달리 말하면 개인의 자유와 사회의 유지라는 두 마리 토끼를 동시에 잡을 수 있어야 한다.

한국경제가 활력을 잃은 이유는 우리의 관행이 좋지 않기 때문이다. 서로를 믿지 못하기에 신뢰 대신 지시와 통제라는 힘의 논리가 우리 사회를 지배하고 있다. 힘의 논리는 그 자체로 개인의 자유에 대한 억압이다. 힘을 가진 '갑'의 자유를 위해 '힘없는 을'의 자유가 희생된다는 점에서 말이다.

문제는 힘의 논리가 '갑을관계'에 그치지 않고, 비리의 만연과 규제의 과다로 이어져 국민 모두의 자유를 제약한다는 데 있다. 힘의 논리는 힘의 불균등 배분을 전제로 하기에 민주 사회의 근간인 견제 기능을 위축하고 나아가 비리 척결을 어렵게 하며 비리의 만연은 사회통합을 저해할 뿐 아니라 비리를 감시할 규제를 양산할 수밖에 없는 여건을 조성한다. 결국 사회적 불신이 힘의 논리를 매개로 하여 모든 개인의 자유를 제약하는 사회가 된 것이다.

시장경제는 경제적 자유가 본질이다. 그러나 우리가 처한 현실은 경제적 자유의 훼손이다. 따라서 우리 경제가 안고 있는 문제를 시장경제의 탓으로 돌리는 것은 온당치 않다. 오히려 시장경제의 왜곡이 문제의 원인이다.

그러면 어떻게 해야 왜곡된 경제를 바로잡을 수 있을까? 권한 배분의 불평등을 완화하는 것이야말로 왜곡된 시장경제의 엉킨 실타래를 풀 실마리라고 보았다.

우선 권한의 상부 집중 완화는 우리 사회의 취약한 견제 기능을 되살리는 효과가 있다. 은밀한 형태의 권력형 비리를 잡는 데 내부 견제만큼 효과적인 것은 없다는 점에서 말이다.

둘째, 권한의 상부 집중 완화는 조직 하부의 복지부동 현상을 완화함은 물론이고 조직 상부의 기획 역량을 높여 조직 전체의 역량을 높이는 효과가 있다. 특히 현장의 권한이 강화되어 상황 변화에 대해 유연하면서도 기민한 대응이 가능해지는 부수적 효과가 있다.

셋째, 무엇보다 국민 개개인의 자유를 신장하는 효과가 있다. 인간은 생각하는 동물이기에 경제적 자립만으로 진정한 자유를 얻을 수 없다. 경제적 자립은 독립된 인격체로, 생존하는 데 필요한 최소한의 요건일 뿐이기 때문이다. 진정한 자유인이 되려면 경제적 자립 단계를 초월해 일을 통해 자신만의 꿈을 실천할 수 있어야 한다. 돈만이 아닌 보람도 함께 나누는 사회가 되어야 한다.

넷째, 권한의 나눔은 신뢰를 확산하는 효과가 있다. 권한은 인간관계를 전제로 하므로 자유와 함께 책임을 수반하기 마련이다. 행동에는 상대가 있기 마련이고 세상은 복잡한 만큼 선택이 어떤 결과를 초래할지 불확실한 경우가 많다. 이런 상황에서 권한을 행사하다 보면 어느 정도 다른 사람을 믿을 수밖에 없다. 주도적으로 권한을 행사하는 경험이 쌓이다 보면 사람에 대한 믿음이 쌓일 수 있는 것이다. 반대로 위에서 시키는 대로 살 수밖에 없다면 남을 믿어야 할지 고민할 필요도 없고, 고민을 하지 않으면 누구를 언제 믿어야 할지 가늠할 수 없게 된다.

물론 권한을 나누는 것만으로 모든 문제를 해소할 수는 없다. 생각과 이해관계가 다른 사람들끼리 함께 살다 보면 부득이하게 갈등 상황도 벌어지기 때문이다. 좌와 우의 소모적 이념 갈등을 넘어 국민의 대표로서 국익을 최우선시하는 정치 관행과 권력의 성역 없이 법집행이 엄정히 이뤄지는 법치주의가 절실히 요구되는 시점이다. 아울러 평소의 일과를 처리하는 과정에서 공과 사를 엄격히 구분하는 성숙한 시민의식도 필요하다. 사적인 이념을 공적인 업무에 투영한다거나 인사 문제에서 사적인 연줄을 연계하는 등의 행동은 공사의 경계를 허무는 것이므로 지양해야 한다.

결론을 말하면 자유와 신뢰를 회복하는 것이야말로 우리 경제가 당면한 최우선 과제이며, 이를 위한 최선의 방안은 권한의 하부위임을 통해 국민 모두를 진정한 자유인으로 만드는 것이다. 여기서 중요한 것은 권한의 하부위임이라는 행정조치가 아니라 국민 모두가 변화의 길에 자발적으로 동참하도록 하는 것이다. 그러나 주도적 행동 변화는 지시나 통제와는 달리 언제, 얼마만큼의 변화가 있을지 예측하기 어렵다. 인간 상호작용의 변화는 구체적 상황의 영향을 받을 수밖에 없기 때문이다. 따라서 세세한 행동 규칙을 미리 만들기보다 작은 실천을 모아 큰 변화를 만드는 심정으로 대강의 원칙을 정하고 이를 기준 삼아 시행착오를 통해 세부 원칙을 가다듬어 가는 실용적 자세가 필요하다.

"구슬이 서 말이라도 꿰어야 보배"라는 말이 있다. 1960년대 이후 우리나라의 경제개발 정책은 선진기술의 습득, 교육을 통한 인적자본의 육성 등 '좋은 구슬 만들기'에 집중되어 왔다. 그 덕에 경이로운 경제발전을 이룩할 수 있었으나 '구슬을 꿰는 문제'를 등한시한 결과 사회갈등 심화와 성장 정체라는 난관에 직면하게 되었다. 우리 경제가 활력을 되찾으려면 구슬을 꿰는 문제에 더 많은 정책적 배려가 있어야 할 시점이 도래한 것이다. 구슬을 꿰는 문제는 거버넌스의 문제이고, 경제학의 시각에서 보면 노동과 자본을 결합하는 생산함수의 문제이다. 그러나 거버넌스를 생산함수라는 블랙박스로 취급하는 한, 한국식 거버넌스의 문제점을 진단하고 개선책을 모색하기란 불가능하다. 그래서 부득이하게 사회학·정치학·심리학·경영학 등 인근 사회과학의 도움을 받아 거버넌스라는 '구슬 꿰기' 문제에 접근했다. 이 책의 부제로 국가 경영이라는 의미가 담긴 '정치경제학(political economy)'을 사용한 이유는 '경제학(economics)'에서 강조하는 '선택'의 문제보다 '구슬을 꿰는 결합'의 문제에 집중하려는 집필 의도를 강조하고 싶었기 때문이다.

|참|고|문|헌|

공정거래위원회·한국개발연구원. 시장구조조사, 각 호.

김용학. 2003.6. 「한국사회의 학연: 사회적 자본의 창출에서 인적 자본의 역할」. 한국사회학회 2003년 국제학술회의 발표자료.

김주훈. 2012. 「대기업과 중소기업간 양극화에 관한 해석」. *KDI FOCUS*, 통권 제16호.

김태완. 2013. 「분노의 한국, 고소왕국이 되다」. ≪월간조선≫, 2013년 6월 호. http://monthly. chosun.com/client/news/viw.asp?ctcd=C&nNewsNumb=201306100045(검색일: 2020.11.23).

박진수. 2019.5.24. 「역사에서 배우는 우리 경제의 미래 전략」. 한국은행 금요강좌, 제788회.

박혜경·김상아. 2018. 「한국인의 문화성향에 관한 메타분석: 집단주의와 개인주의를 중심으로」. ≪지역과 세계≫, 제42집 제3호, 5~37쪽.

≪문화일보≫, 2018년 8월 8일 자. "문대통령 규제혁신 '올인', 회의 취소·현장 행보 '규제완화 충격요법'… 아직 갈 길 멀다".

이경희. 2010. 「한국사회 이중가치체계의 특성과 변화」. ≪윤리연구≫, 제84호, 32~52쪽.

≪이데일리≫, 2019년 10월 13일 자. "韓, 상품시장규제 지수 OECD 5위…… 진입장벽 규제 강도 높아".

이정익·조동애. 2017. 「우리경제의 역동성 점검」. ≪한국은행 조사통계월보≫, 10월 호.

조덕희. 2013. 「제조업의 영세기업 편중현상에 관한 연구」. 산업연구원 연구보고서, 2013-660.

≪주간동아≫. 2019. 「한국 입시경쟁, 냉전시대 끝없는 '군비경쟁' 같아」. ≪주간동아≫, 1175호. https://www.donga.com/news/Society/article/all/20190210/94040595/1(검색일: 2020.11.23).

중소기업중앙회, 2017. 「제조원가 올라도 납품단가는 그대로, 2016년 중소제조업 하도급거래 실태조사 실시결과」. 중소기업중앙회 보도자료.

하영삼. 2019.7. 「공(公)과 사(私), 경계 짓기와 허물기」. ≪월간중앙≫, https://jmagazine. joins.com/monthly/view/326897(검색일: 2020.11.23).

≪한국경제≫, 2016년 4월 22일 자. "공무원 절반 학연·정치적 연줄이 승진에 영향".

≪한국경제≫, 2019년 11월 10일 자. "20년간 대기업이 된 중소기업, 네이버·카카오·하림 3곳 밖에 없다".

≪한국경제≫, 2019년 11월 29일 자. "맘껏 뛰놀라더니… '샌드박스'에서도 동네영업만 가능한 '반반택시'".

Algan, Yann and Pierre Cahuc. 2009. "Civic Virtue and Labor market institutions." *American Economic Review: Macroeconomics*, 1(1), pp.111~145.

Bachmann, Reinhard and Edeltraud Hanappi-Egger. 2014. "Can trust flourish where institutionalized distrust reigns?" in J. Harris, B. Moriarty and A. Wicks(eds.). *Public Trust in Business*, pp.266~289. Cambridge: Cambridge University Press.

Bass, Bernard. M. 1985. *Leadership and Performance Beyond Expectations*. New York: Free Press

Braithwaite, John. 1998. "Institutionalizing Distrust, Enculturating Trust." in Valerie Braithwaite and Margaret Levi(eds.). *Trust and Governance*, pp.343~375. New York: Russell Sate.

Chung Moo-Kwon. 2008. "Institutional Complementarities and Change: the Relationship between Production and Welfare Regimes in Korea." Paper presented at the EASP(East Asian Social Policy) 5th International Conference, National Taiwan University, Taipei, Taiwan, November 3~4.

Fock, Henry et al. 2013. "Moderation Effects of Power Distance on the relationship between types of Empowerment and Employee Satisfaction." *Journal of Cross-cultural Psychology,* 44(2), pp.281~298.

Friedman, Milton. 1953. "Methodology of Positive Economics." in *Essays in Positive Economics*, pp.3~16. Chicago: University of Chicago Press.

Hogan, Joyce, Robert Hogan and Robert B. Kaiser. 2011. "Management Derailment." in Sheldon Zedeck(eds.). *American Psychological Handbook of Industrial and Organizational Psychology*, pp.266~289.

Hong, Wontack. 2000. "Engine of Export-oriented Catching-up: Small firms versus Big Conglomerates." *International Economic Journal*, 14(2), pp.161~179.

Khan, Mushtaq. 2008. "Governance and Development: The Perspective of Growth-Enhancing Governance." in *Diversity and Complementarity in Development Aid: East Asian Lessons for African Growth*, pp.107~152. Tokyo: GRIPS Development

Forum/ National Graduate Institute for Policy Studies.

Krippner, Greta R. 2011. *Capitalizing on Crisis, The Political Origins of the Rise of Finance*, Cambridge, Massachusetts. London, England: Harvard University Press.

Lee et al. 2005. "Visible Success and Invisible Failure in Post-Crisis Reform in the Republic of Korea: Interplay of the Global Standards, Agents, and Local Specificity." Policy Research Working Paper, No.3651. World Bank, Washington DC.

Lee, Keun, Chaisung Lim and Wichin Song. 2005. "Emerging digital technology as a window of opportunity and technological leapfrogging: Catch-up in digital TV by the Korean firms." *International Journal of Technology Management*, 29(1/2), pp.40~62.

Noland, Marcus. 2012. "Korea's Growth Performance: Past and Future." *Asian Economic Policy Review*, 7(1), pp.20~42.

Realo, Anu, Juri Allik and Brenna Greenfield. 2008. "Radius of Trust, Social Capital relation to Familism and Institutional Collectivism." *Journal of Cross-Cultural Psychology*, 39(4), pp.447~462.

Von Tunzelmann, Nick. 2003. "Historical Coevolution of Governance and Technology in the Industrial Revolutions." *Structural Change and Economic Dynamics*, 14(4), pp.365~384.

Yang, Inju and Sven Horak, 2019. "Formal and informal practices in contemporary Korean management." *The International Journal of Human Resource Management*, 30(22), pp.3113~3137.

Yee, Jaeyeol. 2015. "Social capital in Korea: Relational Capital, Trust and Transparency." *International Journal of Japanese Sociology*, 24, pp.30~47.

Yoon, Se Joon and Yeon Joo Chae. 2012. "Management of Paradox: A Comparative Study of Managerial practices in Korean and Japanese firms." *The International Journal of Human Resources Management*, 23(17), pp.3501~3521.

Uslaner, Eric M. and Richard. S. Conley. 2003. "Civic Engagement and Particularized Trust: The Ties that bind People to their ethnic communities." *American Political Research*, 31(4), pp.331~360.

|저|자|소|개|

서울대학교 무역학과를 졸업하고 미국의 캘리포니아 산타바바라대학
교에서 경제학 박사학위를 취득했다. 직장생활 대부분을 한국은행에
서 보낸 '한은맨'이며, 통화 금융에 관한 전문 지식과 경험을 겸비한 '조
사통'이기도 하다. 일상적인 조사 업무에 더해 한국은행 화폐박물관의
기본 청사진 수립(1994), 박승 총재가 추진한 화폐단위 변경 관련 비용
편익 분석(2002), 한국의 G20 회의 개최 관련 의제 총괄(2010) 등 한국
은행의 주요 태스크포스에 참여한 이력도 있다. 주류 경제이론과 이단
경제이론을 가리지 않고 섭렵하려 하며, 경제와 관련된다면 사회학·정
치학·심리학 등 인접 학문의 논문도 폭넓게 즐겨 읽는 편이다. 이 책은
필자의 이러한 외도 편력이 낳은 결과물이다.

한울아카데미 2267

경제 재건의 길
자유와 신뢰 회복의 정치경제학

지은이 | 박진수
펴낸이 | 김종수
펴낸곳 | 한울엠플러스(주)
편집책임 | 최진희
편집 | 김하경

초판 1쇄 인쇄 | 2020년 12월 6일
초판 1쇄 발행 | 2020년 12월 15일

주소 | 10881 경기도 파주시 광인사길 153 한울시소빌딩 3층
전화 | 031-955-0655
팩스 | 031-955-0656
홈페이지 | www.hanulmplus.kr
등록 | 제406-2015-000143호

Printed in Korea.
ISBN 978-89-460-7267-1 93320 (양장)
        978-89-460-6994-7 93320 (무선)

* 책값은 겉표지에 있습니다.
* 이 책은 강의를 위한 학생용 교재를 따로 준비했습니다.
  강의 교재로 사용하실 때는 본사로 연락해 주시기 바랍니다.